MW01676958

休闲体育丛书

高尔夫球

【英】盖文·纽什 著
吴嵘 译

人民体育出版社

图书在版编目（CIP）数据

高尔夫球 /（英）盖文·纽什 著；吴嵘译. 北京：
人民体育出版社，2010（2011.3.重印）
（休闲体育丛书）

书名原文：Golf

ISBN 978-7-5009-3739-5 Ⅰ. 高… Ⅱ. ①盖…
②吴… Ⅲ. 高尔夫球—基本知识 Ⅳ. G849.3

中国版本图书馆CIP数据核字（2009）第173917号

*

人民体育出版社出版发行
北京盛通印刷股份有限公司印刷
新 华 书 店 经 销

*

889×1194 24开本 6.75印张 130千字
2010年5月第1版 2011年3月第2次印刷
印数：8，001—11，000册

*

ISBN-978-7-5009-3739-5
定价：45.00元

社址：北京市东城区体育馆路8号（天坛公园东门）
电话：61751482（发行部） 邮编：100060
传真：61751483 邮购：67118491
（购买本社图书，如遇有缺损页可与发行部联系）

目 录

如何使用本书及配套DVD光盘

编写本书及制作配套DVD光盘的目的，是为了激发读者参与高尔夫球运动的兴趣。你可以通过播放DVD光盘，观看所有与打球有关的基本技巧和实时讲解，不仅对关键的技术要点都配有数码图片，还可以从书中查阅有关打球技巧的更多详细文字讲解。

如何使用本书

初次涉足高尔夫球场，人们总会有些惶恐，本书将为你讲解需要知道的所有事项，提升打球的信心。书中凡涉及到DVD的内容，将在右下方页脚处标注具体章节。

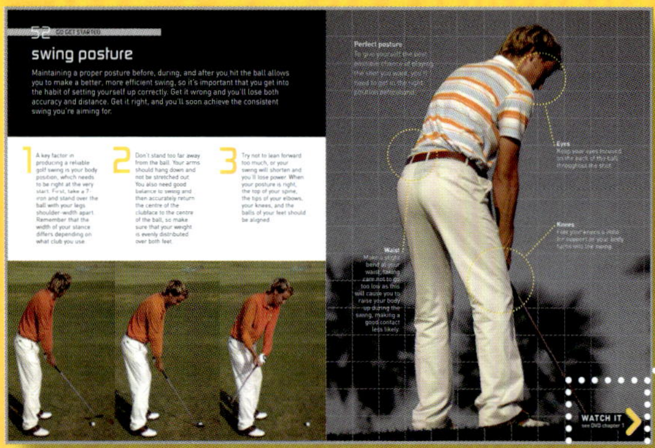

播放DVD

每当在书中看到这个标志，就可以同步观看DVD的对应章节。

如何使用DVD光盘

配套的DVD光盘为图书提供更多的连续画面和电脑图解，是学习关键技巧、准确演示动作细节的最佳方式。通过主菜单浏览每个主题，根据个人喜好和需求按顺序观看。

翻开书

播放DVD时如看到这个标志，可以翻开书的相应页码对照阅读。

为什么打高尔夫球?

如今高尔夫球运动比以往任何时候都更受欢迎。这要感谢泰格·伍兹、魏圣美这些超级球星，因为有了他们，使这项运动受到大众前所未有的追捧。据估计，全世界打球人数已达6000万，开业的球场数目约32000座。高尔夫球已成为一项真正的全球化运动——从澳大利亚到赞比亚，全世界任何地方都能找到高尔夫球场。即使像中国这样在传统意义上不可能与这类运动沾边儿的国家，也在逐步推广。目前中国大陆已建成超过200家高尔夫球场，未来十年还有数以千计的球场建设项目将被纳入规划。

高尔夫球之所以如此盛行，或许是由于它满足了人们内心的某种需求。无论是青少年还是退休的老人，打高尔夫球能让人体验挑战与激情、愉悦和失落。在这项运动中，球员的诚信和正直与球技同等重要；同时，高尔夫球还是为数不多的几项能让不同水平的选手公平竞技的运动项目之一，由于高尔夫球特有的差点系统，它让初学者能与职业选手同场竞技，并且有机会获胜，这一特征让高尔夫球成为最富于民主精神的运动。

一旦开始打球，你会很快地发现打高尔夫球是最容易让人上瘾、最吸引人的运动之一。从几乎进洞的推击到飞越整个球道的长距离击球，一切都令打球者乐不思蜀、欲罢不能。而更多时候打球还能与人分享经验、与队友共度美好时光，以及在球场上随着击球的优劣、反复体验得意与失落的情绪。倘若有一天你身陷其中无法自拔，那是十分正常的，请不必惊讶。

盖文·纽什

有备而来

接下来……

什么是高尔夫球运动：18–21页

纵观高尔夫球运动，了解初次打球之前必要的各项准备工作。

高尔夫球规则：22–23页

了解规则能帮助球员尽快入门，在球场上表现得更加自信。本节重点陈述了解规则对打球所起到的作用，例如，从携带球杆的数量到应该如何着装。

高尔夫球场：24–27页

每次下场打球时，球员都会在球场见到什么装置，有可能遇上哪些障碍区。

击球的目的

打高尔夫球的目标很简单，即用尽可能少的杆数让球进洞。然而由于每个高尔夫球场提供的场地有着不同的挑战性，球员要想降低打球杆数，需要不断地磨炼球技。

大多数球场包括9个或18个球洞。每个洞都被指派一个“标准杆（Par）”数，或称为完成该洞需要的最理想的击球杆数。球洞越长，标准杆数越多，所以面对一个标准杆是 4的球洞，你应该尝试只用4杆或更少的杆数去完成；如果是标准杆 是3的球洞，也就是距离更短的洞，则要求用3杆或更少的杆数来完成，以此类推。整个球场的标准杆就是每个球洞的标准杆总和。大多数18洞球场其标准杆在68～73杆之间。

牢记……

- 初学者不必追求打出平标准杆的成绩。只有特别优秀的球员，才能在每场球打出接近标准杆甚至更低的杆数。
- 球员应将主要精力放在训练打球的基本功上，比如挥杆和站姿。
- 下场打球时，为避免不必要的失误，应预先估计每洞的难点和潜在风险，养成提前做准备的习惯。长此以往球员的击球杆数会很快降低。

比赛形式

从四球赛到四人二球赛，从定分式比赛到德克萨斯最佳球位赛，可供选择的高尔夫球比赛形式多种多样。不管是与单个伙伴为伍，还是成为团队中的一员，球员总能找到一款适合自己的比赛。

球员需要记住的最基本的高尔夫球比赛形式只有两种——比杆赛和比洞赛，其他比赛大都是这两种形式的变异。无论球员选择哪种比赛，首要目标都是从中体验打球的乐趣，所以大可不必考虑太多，只管尽情享受。

比杆赛和比洞赛

- 比杆赛是指以最少的杆数打完规定一轮或数轮的参赛者为最终优胜者的比赛。换句话说就是最低杆数获胜。
- 作为最早的高尔夫球比赛形式，比洞赛与比杆赛的不同在于：比洞赛是以每洞为单位决胜负，通常以较少的杆数打完一洞的一方为该洞胜者。赢得球洞数较多、而非总杆数最低的团队或个人为比赛的优胜者。

遵守规则

虽然官方的高尔夫球规则由苏格兰圣安德鲁斯皇家古老高尔夫俱乐部（R&A）与美国高尔夫球协会（USGA）共同制定和发布，但高尔夫球运动的独到之处，仍体现在很大程度的自律性。

球员在任何时候打球都应遵守规则，还要如实地承认违规行为并接受相应的处罚。即使无法逐条牢记长达192页的《高尔夫球规则》（没人能逐条牢记），球员也应本着实事求是、诚实正直的态度打球，这不仅能让同组球友受益，还能维护球场的利益。正如每本《高尔夫球规则》的封底文字所述："在球的现有位置状态下打球，在球场的现有状态下打球，如果两者都难以做到，那么按照公正的原则打球……"

a

b

a 携带球杆数量

下场打球时，球员最多允许携带14支球杆，规则对球包中应携带球杆的最少数量则没有限制。

b 摆脱困境

当球没有飞向你预先设定的目标，而是落在水塘、树丛或沙坑里时，球员需要清楚地知道自己该如何处理——请查阅126–127页有关球场脱困的技巧。

c 在球的现有位置状态下打球

这条是打高尔夫球的基本原则，虽然场上会出现各种特例，但任何时候都应坚守这一原则。球场上唯一允许中途拿起球的地方是球洞区，即果岭，且拿起球之前必须先标明球位。

d 正确着装

在前往球场之前，先想好穿什么服装。如果难以决定，就选择简单的打球服装：有领恤衫、毛衣、长裤或裙子。但牢记一定不要穿牛仔裤。

高尔夫球场解析

任何人第一次踏进高尔夫球场时，都会感到无所适从。但当开始熟悉球场的各个特性，并了解每个特性的功能，球员就会逐渐享受这一全新的体验，并在球场上感觉越来越自如和自信。

任何时候在球场上遇到不明白的地方，比如不知道自己的位置，或不知道该做什么不该做什么时，千万不要盲目行动，以免把一切搞砸；应虚心向同组其他有经验的球友征询建议，他们会很乐意为你提供帮助。以下是球场上经常遇到的一些问题。

a 练习场

大多数正规高尔夫球场都会附设一个练习场，在下场之前球员可以先到这里热身、练习（见134–135页）。球员应充分利用这些设施。

b 沙坑

球场上的沙坑属于障碍区，它们大小不同、形状各异。有些沙坑位于球道上（如本图），有些则分布在果岭周边。

c 球洞区

也称果岭，是球洞的所在地。和球场其他区域相比，球洞区的草坪修剪得更短、更平整。

d 长草区

如果开出的球打偏了，可能会掉进“长草区”。在球场上应尽量避开长草区，因为从这里击球难度较大（见124–125页）。

e 发球区

也称“发球台”，是每洞打出第一杆击球的地方。

高尔夫球场装置

第一次漫步高尔夫球场，你会发现很多看上去莫名其妙的装置，其实这里的一桩一柱、一记一号都有它特殊的功能。它们中间有的是为了标示障碍区界限，有的能告诉球员距离球洞区还有多远。球员即使不能立刻搞明白这些装置的用处也没关系，因为在正式下场打球之前不可能完全了解场上所有设施的功能，所以球员首先要做的是享受打球的乐趣，然后在打球过程中逐步学习。

a

b

a 高尔夫球车

驾驶球车下场打球别有情趣，只要牢记必须在球场指定的道路上行驶即可。

b 洞旗

有些洞旗的旗杆上安装有标明球洞在果岭上大致位置的球状标志。如果这一标志在旗杆上端，表示球洞位于果岭后部；标志靠近旗杆下端，表示球洞位于果岭前部。

c 距离标志

距离标志通常设置在球道上或球道两侧。它帮助球员推测球所在位置距离果岭中心的码数。

d 球洞

球洞就是每洞击球的最终目的地。将球打进洞中称作“击球入洞”。位于果岭上的球洞直径都是10.6厘米。

c

d

整装待发

接下来……

球杆：32–35页

揭开球杆的秘密，了解初学打球应必备的木杆、铁杆和推杆，以及球员应如何挑选。

高尔夫球及球具配件：36–39页

双层球、三层球、多层球、高旋球或低旋球——哪种更适合初学者？本章指导球员如何作出正确选择，以及如何挑选各种球具配件——从高尔夫球包到毛巾和球座。

穿什么：40–45页

当今高尔夫球服装的设计讲究既舒适又实用，配上时髦漂亮的打球用具，让球员在球场的形象日趋完美。此外，球员还应注意球场上的着装禁忌。

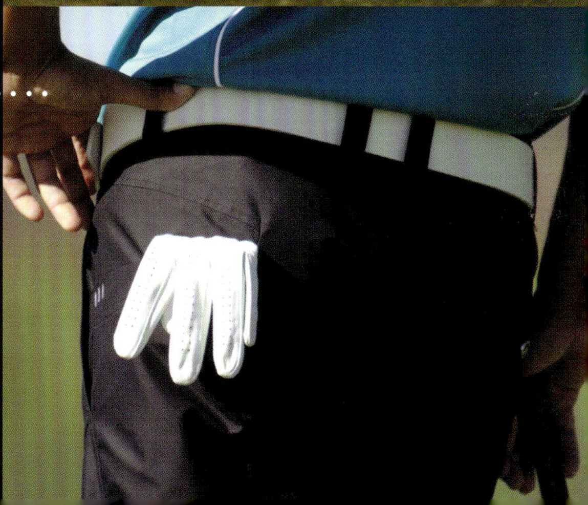

杆面配重

这种铁杆的杆面采用"边缘配重"设计，较其他球杆拥有更强的容错性，有助于降低失误击球带来的不利后果。

杆身

杆身的材质有不锈钢和碳素两种。由于它们各有所长，初学者在选择时不应受到局限，购买之前一定要先试用。

杆面沟槽

铁杆杆面上的沟槽有助于增强触球瞬间杆面对球的咬合，并让球旋转起来，延长球在空中飞行的时间。注意保持沟槽内的清洁。

凹背式

如图所示，杆头背面有空穴设计的凹背式铁杆，拥有比其他球杆更大的"甜点"，对初学者来说更容易使用。

球杆选择

球员购买第一套球杆时总是很伤脑筋，因为从针对各种水平球员的设计到不同的价位，选择的范围极其广泛。作为初学者，应该选择一套适合新手使用、容易掌握、容错性较高的球杆，以应对各种意想不到的状况。可以先考虑买半套球杆（通常有2支木杆、5支铁杆和1支推杆），等到对球杆感觉满意了，再添置到一整套。此外，还可以考虑去当地的高尔夫球具店找职业教练"量身订制"，这有助于球员找到与自己打球水平相匹配的球杆。

球道木杆

相比1号木杆（也称开球木），这种球道木的杆头更小，杆身更短，也更容易使用。

大倾角杆面

球道木杆受到初学者的喜爱，原因是它有更大的杆面倾角，比1号木杆更容易掌控。

1号木杆

1号木杆的杆面又宽又直，是所有球杆中倾角最小的，这种设计让击球距离最大化。

杆头套

给1号木杆、球道木杆和推杆套上杆头套，以防止球杆受到不必要的损伤。通常这几种杆是整套球杆中最昂贵的，需要特别呵护，以免在球包里和其他球杆互相磕碰，造成不必要的损伤。

推杆

在所有的球杆中，球员对推杆可谓爱恨交织。如果在果岭上一切顺利，离洞多远的球都能顺利推进，推杆就成了你生活中不能缺少的。但当球员在球场上出现差错，况且这种事是不可避免的，推杆就会首当其冲成为替罪羊，遭到抛弃，被另一种推杆替代。

许多新手发现，被称作“跟趾型”推杆最容易使用。但在决定购买之前，最好把推杆拿到果岭上试推几次。大多数高尔夫球俱乐部都允许客人在购买之前试用推杆（可以咨询俱乐部的球具店）。有些推杆手感好、有些感觉别扭，有些分量轻、有些分量重，感觉很重要，但只有靠经验积累才能判断出哪些感觉是好的。

推杆的作用

请注意推杆杆头和杆面与其他球杆的区别。推杆杆头与杆身相接的颈部有一个拐角，其作用是让杆头底部总是与果岭保持平行，确保推击动作顺畅，使球的滚动更平稳。推杆没有杆面倾角，这可以避免推出的球跳起，让球一直着地滚动。

a 跟趾型推杆

这种推杆最适合初学者使用，因为它们的“甜点”比较大，在推击出现失误的时候能提供较高的容错性。

b 瞄准线

一些推杆的杆头上标有瞄准线，可以帮助球员在推击时提高击打在球中心的几率。

选择高尔夫球

所有的高尔夫球都是一样的，对吗？答案是错。或许表面上看它们都一样，但现在有许多种不同类型的高尔夫球可供选择，从软核心到液态心，从低旋球到高旋球，从低价位到高档次。但如何才能选择到与自己打球水平相匹配的球呢？

了解高尔夫球

- 初学者和中等水平的球员通常偏爱两层的表面为沙林塑胶质地的球。这种球之所以受到欢迎，因为它的转速低，能实现更远的飞行距离，并减少右曲球或左曲球带来的不利后果（见100–101页）。

- 如果在击球时想更好地控制球，让球产生较高的旋转速度，球员就需要选择较软的球。使用巴拉塔球（因表面覆盖一层巴拉塔橡胶而得名）或许会有一些距离上的缺失，但和两层球相比却能为球员提供更好的控制力。然而，由于这种球有很高的转速，会加大左曲球或右曲球的后果，因此更适合有经验、水平高的球员使用。

- 无论使用哪种球都必须保持球的清洁，因为污垢会影响球与杆面接触的效果。通常球场在发球台附近都会安装洗球器。在果岭上推球之前，还要记得标记球位后拿起并擦拭球。

高尔夫球具配件

你已经找到一套心仪的球杆，正摩拳擦掌想要上球场去一试身手。且慢！要想正式开始打球，你还需要添置更多的装备。最起码需要一双球鞋（见42–43页）、一个携带球杆用的高尔夫球包，这是大多数高尔夫球俱乐部对球员下场打球之前的最低装备要求。

接下来还可以添置一些能为打球带来方便的小配件：开球时用的球座若干、在果岭上标示球位的球标识一个、果岭修理叉一个、毛巾一条。此外，视打球季节和天气，还可以带上一套轻便防雨服和一把雨伞。

a

b

a 果岭修理叉

虽然东西小，但却是十分重要的用具，用来修理那些球在果岭落地后给果岭表面造成的损伤。

b 高尔夫球包

市场上有各种各样的球包，从超薄的直立式球包，到带遥控的手拉车式球包。对新手来说，最适合的就是这种轻便、耐用、带支架的球包。

c 高尔夫毛巾

毛巾用在击球之后清洁球杆、开球之前擦拭球。保持球杆和球的清洁无污垢，能提升它们的功效。

d 雨伞

打球用的雨伞比普通的大而且结实，诸多高尔夫雨伞还设计有“抗翻转”防风罩，在恶劣天气状况下的球场上十分实用。

c

d

高尔夫球服装

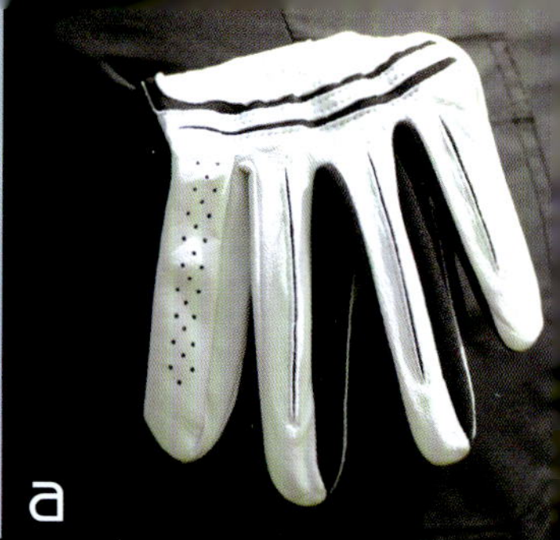

a

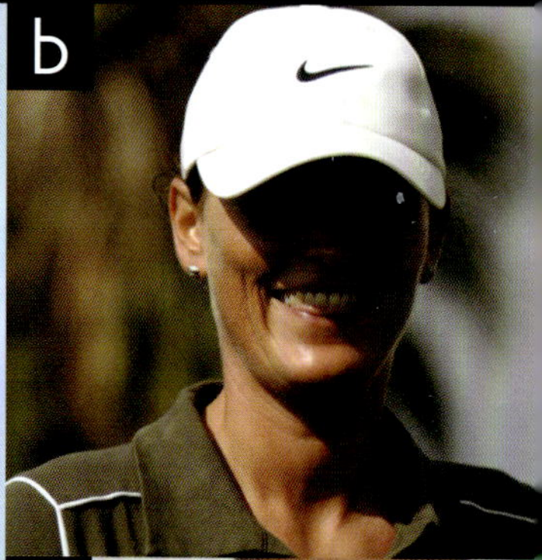

b

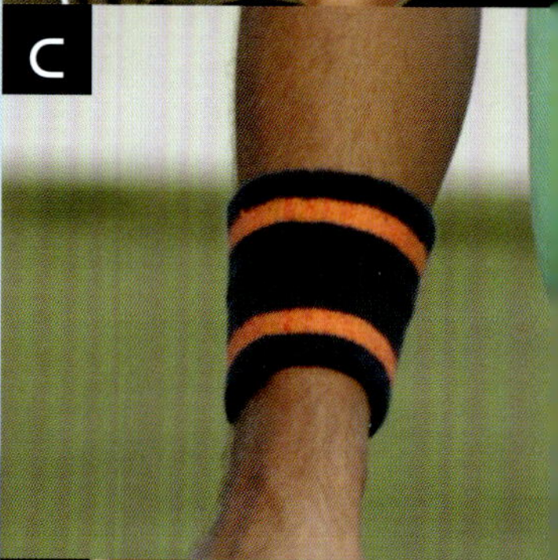

c

d

在高尔夫球的相关用品中，球员的着装打扮是最能引起人们关注的话题。

其实，在高尔夫球规则里并没有明确的对打球着装的规定。任何有关球员在特定的高尔夫球场该穿什么和不该穿什么的决定，都是由各个高尔夫球俱乐部自行规定的。但一般的共识是球员下场打球禁止穿着牛仔裤或运动鞋，并且最好穿有领子的恤衫。

值得庆幸的是，如今花里胡哨、稀奇古怪的打球装已逐渐消失。时尚界的一些顶级品牌开始涉足高尔夫球服饰，制造出既时髦又实用的服装，这样一来，人们就再没有理由在高尔夫球场上胡乱着装了。

a **手套**

高尔夫球手套的质地通常是皮革或尼龙纤维，有各种尺寸和颜色，其设计是为了让球员能更好地握杆。

b **帽子**

样式大多是棒球帽或遮阳帽，在打球的时候可以保护双眼免受阳光的照射。

c **护腕**

护腕正逐渐成为打高尔夫球的主要装备，在挥杆时为手腕提供支撑，让球员感觉舒适。

d **女士服装**

除了短裤和长裤，女士在打球时还可以选择穿短裙，为了方便运动，通常是那种带分衩的裙裤。

e **马球衫**

传统的马球衫（也称polo衫）是目前最流行的高尔夫球服装。它舒适、宽松、方便挥杆动作，并且在球场穿着也不失体面。

优点

新式高尔夫球鞋有轻便、耐用且防水等优点。

鞋钉

高尔夫球鞋底部的鞋钉让球员在任何天气条件下的球场打球，都能站得更稳。

鞋面

皮质鞋面在保护双脚的同时，还能提供良好的透气性。

高尔夫球鞋

鞋跟

鞋跟可以帮助缓解挥杆时产生的冲击力。通常鞋跟有附加的衬垫，有助于增强挥杆中的稳定性。

侧帮

许多新式高尔夫球鞋的设计，着重于侧帮可以为脚的中间部分提供重要的支撑。

衬垫

球鞋穿着舒适是最重要的。在鞋的后跟处添加厚衬垫，能减少对脚的摩擦，免生水泡。

通常每打一轮球需要步行大约8公里的路，因此，为自己选一双合适的球鞋十分重要。

一双质量上乘的高尔夫球鞋能让球员每次打球都倍感舒适，并提供一个稳固的基座，使球员在挥杆击球时不再担心身体会失去平衡。

和多数高尔夫球用品一样，球鞋也经历了不断进化的过程。如今球员不再穿老式带金属鞋钉的球鞋，取而代之的是软钉鞋，也称“胶钉”鞋（见右图），这让高尔夫球鞋的设计式样更加时尚。

初学者的装备

在开始打球之前，最好先为自己购置一整套打球服装，要求不仅穿着舒适，还要符合一般高尔夫球俱乐部的着装规定。这当中应包括一条非牛仔布质地的长裤或裙子，一件有领恤衫、一双软钉高尔夫球鞋。如果仍拿不定主意该穿什么去球场，建议你事先致电高尔夫球俱乐部查询。

仪表得体

遵守着装规定并不等于必须穿着保守呆板的服装。随着高尔夫球运动的普及，高尔夫球服装市场较以往拥有更多的时尚品牌，球员可选择的范围也更大。

防暑防晒

炎热季节打球应选择轻薄的纯棉服装，在球场上保持凉爽。此外还要经常配戴帽子，并涂抹防晒霜，以避免晒伤。

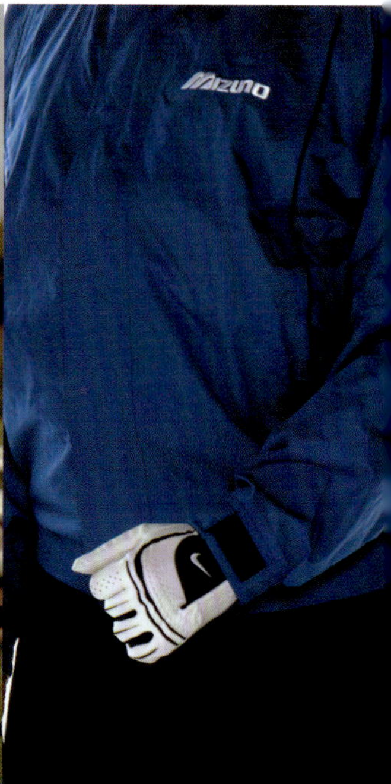

防水

当遇上坏天气，球员还需要穿上防雨夹克和长裤。这类服装应该十分合体，穿上后仍能让球员自如地挥杆。

帽子

球员可以从专门的高尔夫球用品零售店购买，但普通棒球帽也可以戴到球场上。

恤衫

大多数高尔夫球俱乐部都接受这种有领子的恤衫。

手套

应购买合适的高尔夫手套，因为它是为改善球员的握杆而专门设计。有透气性能的材质还能让球员的双手保持舒适和干爽。

短裤或长裤

在高尔夫球场上绝不能穿牛仔裤。短裤的长度必须及膝，且剪裁合体。

球鞋

除了球杆，球鞋也是球员的装备中最重要的物品，因此应尽其所能购买质量最好的。大多数球场不允许球员穿普通运动鞋下场。

从头开始

接下来……

基本技巧 50–71页

掌握挥杆的关键步骤，从而获得打球的信心，包括握杆、站位和站姿，并了解更多与下场打球有关的基本常识。

开球及球道击球：72–83页

确保每次击球都能正确地瞄准和站位，掌握基本打球技巧和训练方式，使球技稳定发挥，并逐步走上正轨。

必不可少的击球：84–97页

了解短打击球的正确方法，包括：劈起击、切击和推击。

控球技巧：98–105页

掌握能改变球飞行方向的击球技巧。

从挥杆起步

初学者会感觉高尔夫球的挥杆挺复杂，令人望而却步。

将不同的动作元素连贯起来、形成顺畅的挥杆动作似乎已经很难了，但随后还必须将一个小球打出几百码的距离，好像更是难上加难。其实只要了解了挥杆动作所包含的力学原理，你很快就能掌握动作要领，并信心十足地击球。

挥杆的要素

- 要想正确地挥杆，首先需要充分了解挥杆的基本原理，掌握站姿、预备动作、瞄球和站位各方面的要素。
- 将精力放在动作上，注意在整个挥杆过程中身体该如何移动。
- 了解挥杆的主要步骤，从起杆到收杆，并逐一加以练习，直到能正确地完成每一步。

挥杆站姿

只有在杆头触球之前、其间和之后保持正确的体位站姿，球员才能更好、更有效地完成挥杆，所以培养良好的习惯、摆出正确的挥杆姿势十分重要。错误的姿势会使球员的击球精准度和距离遭受损失，而正确的姿势则能让球员很快达到预期的目标，稳定地完成挥杆。

1

身体位置是打造稳定的高尔夫球挥杆动作的关键因素，必须从一开始就处理好。首先拿出7号铁杆，站到球跟前，两脚分开与肩同宽。记住，站位的宽度会随使用球杆的不同而有所变化。

2

不要站得离球位太远，双臂应自然下垂，而非向前伸展。此外你需要在挥杆时让身体保持好的平衡，这样才能在下杆时让杆面中心精确地回到与球中心正对的位置。为此应确保身体重心被平均地分配到双脚。

3

避免让身体过度前倾，否则会缩短挥杆幅度，导致力量的丧失。当预备挥杆站姿正确时，球员的颈部、两侧肘部顶点、两侧膝盖以及两脚掌处于同一个平面上。

完美的站姿

要想打出理想的击球，就必须先摆出正确的姿势。

两眼

在击球过程中两眼始终盯在球后侧。

双膝

略微弯曲双膝，以便在挥杆转体时起到支撑作用。

腰部

上体自腰部略微前倾，但要注意不能前倾过度，否则会在挥杆过程中引起身体的上下起伏，降低触球的成功几率。

观看
DVD第1章

正确站姿的秘诀

高尔夫球的挥 出现失误并不奇怪。正确的站姿 响挥杆的姿势和方式，但只要掌

a 开球

保持下巴高抬、远离前胸，让球员有足够的空间转动肩部。

b 铁杆击球

在挥杆过程中始终保持双肩靠后、双臂贴近身体，不应该有探肩、伸臂够球的感觉。

c 劈起击

上身自腰部前倾，增加双膝的弯曲程度。头部差不多位于球的上方。

d 推击

推击时需要保持头部在球的正上方，为此上身需自腰部向前弯曲，这样才能顺畅地完成钟摆式挥杆动作，让推杆跟随双肩移动，并保持杆面与推击方向线垂直。

c

d

观看 DVD第1章

站位

站位是击球预备姿势的重要组成部分，为成功的挥杆提供一个稳固的基座。站位的宽度根据使用球杆的不同而变化。1号木杆是所有球杆中最长的，因此使用时双脚分开的幅度比其他球杆更宽。相反用较短的劈起杆时，则要采用较窄的站位。需牢记的是，挥杆时若双脚站位过宽，肩膀和髋部就无法充分扭转——完成站位后，检查一下两侧膝盖是否能相互接触，如果不能就需要再调整站位宽度。

a 开球站位

使用1号木杆开球时，应采取最宽的站位。由于1号木杆是球杆中最长的一支，球员应站在球的偏后侧，让球位正对左脚跟。

b 铁杆站位

使用铁杆时双脚应与肩同宽，将球置于站位中间略靠前的地方。

c 短铁杆站位

球杆越短，站位越窄，这有助于球员挥出陡直的挥杆路矩，获得能让球迅速飞上空中的杆面触球角度。

d 推杆站位

推击时应采取较宽的站位，为击球提供稳固的基座。推击过程中，始终保持双脚掌平踩在草地上。

美国高尔夫传奇人物本·侯根（Ben Hogan）曾经写道：“好球技始于好握杆。”他说得没错。没有正确的握杆就休谈掌控球杆面，更别提能打出好球了。有三种主要形式的握杆供球员选择：十指式握杆、瓦顿式握杆和互锁式握杆。球员应每种握杆都感受一下，找出最适合自己的一种。

握杆

正确握杆要领

- 握杆不要过紧，否则会令双臂肌肉紧张，导致挥杆动作僵硬。
- 更多用手指部分承受球杆的重量，而不是手掌。
- 不必理会握柄上的标记——它们并不是用来指导双手的握杆位置。
- 好的握杆应该可以让两手腕在上挥杆时更容易翻转。

a 十指（棒球）式握杆

十指式握杆（Ten-finger grip）是最简单的握杆法，特别适合手比较小的球员。首先用前侧手握杆（右手执杆球员的前侧手是左手），拇指沿杆身向下，球杆握柄固定在手掌后侧掌垫上。将后侧手的小拇指紧紧抵靠在前侧手食指上，然后握杆。用后侧手掌心生命线盖在前侧手大拇指上。

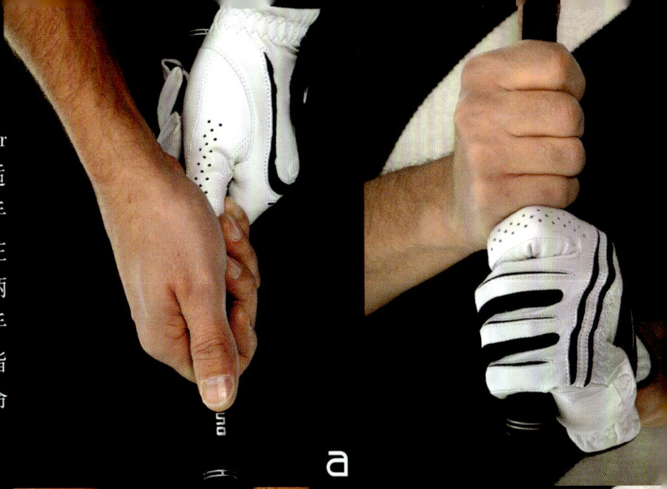

a

b 瓦顿（重叠）式握杆

这是20世纪初因球星哈利·瓦顿（Harry Vardon）而流行起来的握杆法，也称重叠式握杆（overlapping grip），是最常见的握杆法。握杆时后侧手小拇指放在前侧手的中指和食指之间。前侧手大拇指应靠在后侧手的掌心生命线上。

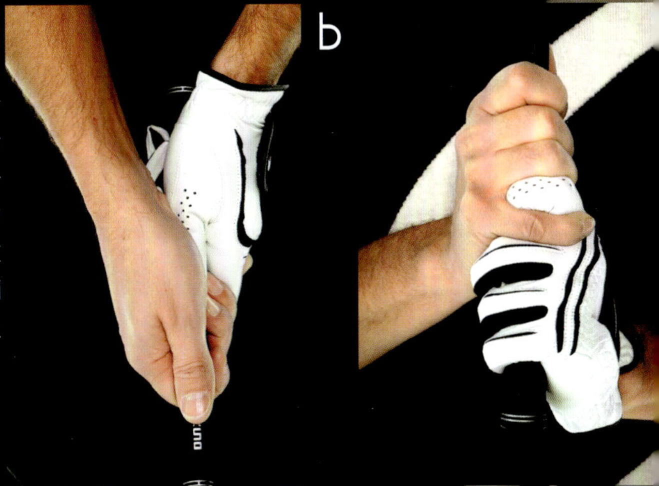

b

c 互锁式握杆

互锁式握杆（Interlocking grip）是著名球星杰克·尼克劳斯（Jack Nicklaus）和泰格·伍兹（Tiger Woods）使用的握杆，因而在职业选手中颇为流行。握杆时后侧手的小拇指与前侧手的食指交叉互锁，前侧手大拇指应刚好嵌在后侧手的掌心生命线内。

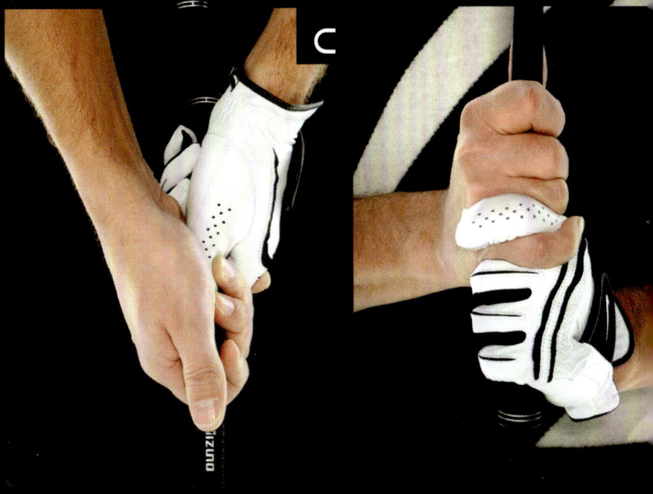

c

观看
DVD第1章

挥杆中的瞄准和对齐经常被错误地混为一谈，其实两者之间差别很大。

瞄准是指球杆杆面正对的方向，与目标方向线有关；而对齐则是指身体位置与击球目标之间的关系。正确地瞄准和对齐是成功击球的关键。如果杆面在触球瞬间没有与目标方向线正对，或者挥杆之前身体位置不正确，那么球员击中球的几率就会大大降低。

瞄准和对齐

a 杆面开放

对右手执杆球员来说，开放的杆面瞄准的是目标方向线右侧。

b 杆面正对

当杆面与球正对时，就是直接瞄准了目标。

c 杆面闭合

处在闭合位置的杆面瞄准的是目标方向线左侧。

对齐练习

为帮助球员在站位时身体与目标对齐，可以在地上平行放置两支球杆（见上图），想象成一条铁轨，球员站在下侧轨道下方，球放在上侧轨道下方，然后挥杆击球。练习的目标是避免让杆头碰到上侧轨道，同时让球沿着正确的方向飞出。

观看
DVD第1章

练习挥杆

坚持去练习场反复操练挥杆，直到挥杆动作变得十分自然。

肩膀

上挥杆时左肩应扭转90度，停在下颌下方。

躯干

躯干随双肩同步转动。同时两眼始终盯住球。

双膝

略微弯曲的双膝能提升挥杆过程的稳定性。上挥杆结束时，右侧大腿和膝盖应感觉到有一些阻力。

节奏与动作

为了保持良好的高尔夫球挥杆动作，球员需要有正确的节奏和平衡。观看职业球员打球时，你会注意到他们的挥杆动作十分轻松且毫不费力。这是因为他们每次挥杆都保持一致的速度，同时在其职业生涯中已建立起一整套打球节奏，几乎成为他们的第二本能。所以要想让挥杆变得稳定且可以控制，球员需要下工夫改进自己的动作。

1 大力挥杆击球之后，球杆的速度可将双臂拉直，之后过渡到随挥送杆动作。

2 触球后身体右侧被顺势向前推进，重心也随之移动，几乎完全落在左侧。

3 挥杆结束时，前胸朝向目标，双膝应总是靠在一起。

观看
DVD第2章

打造你的挥杆

开始学打高尔夫球时，球员应尽量不要纠缠在各种与挥杆有关的细枝末节之中。虽然了解挥杆各步骤的原理是必要的，但最好还是先去练习场上几堂课，让职业教练查看你的击球，并提出建议。

关键点

- 打造属于自己的高尔夫球挥杆是一个循序渐进的过程，需要大量的练习和相当多的耐心。
- 击球前先花点儿时间在脑海里构想一个你希望打出的击球，然后摆好姿势，尽自己所能去实现它。
- 只有对自己的站姿、瞄准和站位都感到满意之后才开始挥杆。
- 打球和练习越多，身体各部位肌肉对高尔夫球挥杆动作的记忆越清晰。经过一段时间的苦练，挥杆也会变成你的第二本能。

1 首先从预备击球开始。正确站位并摆出预备姿势后，将杆头放在球后方。

4 下挥杆是指从上挥杆顶点下行至触球点的过程。下挥杆动作的正确步骤是：重心转移、髋部扭转、释放双手和双臂。

2

起杆是上挥杆的初始部分，通过转动双肩将杆头沿地面向后拉动。双手、双臂与肩部之间保持与预备击球时同样的位置关系。

3

双手腕应仅在上挥杆到达顶点时上翘。保持杆身与地面平行，杆头直指目标。身体重心几乎完全转移到右腿。

5

随挥送杆是挥杆的最后阶段，发生在触球瞬间及之后。在此之前的挥杆动作是生成击球的力量；随挥送杆则协助引导球的飞行方向。

6

击球切忌用力过大。虽然挥杆速度在决定击球距离方面起着重要作用，但只要能扎实地触球，即时挥杆速度较慢，也能打出令人刮目的结果。

头部姿势

绝不要低估头部姿势在挥杆过程中的重要作用。保持头部稳定，下颌抬离前胸，可以给球员带来最佳的、让击球力量最大化的机会，从而增加击球距离。随挥收杆之前不要抬头，否则会降低成功击球的几率。

自查姿势

- 摆出预备击球姿势时，试着把头部想象成脊柱的延伸。
- 为形成正确的身体角度，想象自己正站在泳池边准备跳水。
- 预备击球时，先花些时间查看球和目标之间的连线，这将有助于站位对齐。
- 考虑挥杆过程中如何专注于球。牢记在击球前后双眼应一直盯在球后部。

1 预备击球时下颌应抬离前胸。启动挥杆时头部略微移向右侧，让肩膀有足够的空间旋转到位。

2 下挥杆过程中保持头部静止，并在触球前后始终将注意力放在球上。

3 在随挥送杆后抬起头。收杆时面部应朝向目标方向。

平衡与重心转移

挥杆中有很多需要牢记的要素，球打得越多动作会越自然。击球的力量和距离源自上半身的扭转和身体重心的正确转移，并非用蛮力的结果。因此击球不能用力过度——目的是用球杆将球横扫出去，而不是砸碎球的外壳。高水平球员的挥杆动作顺畅、平稳，看上去不费吹灰之力。这也是每个球员希望达成的目标。

1 将杆头缓缓拉离球位启动挥杆，前臂在胸前挥过，同时身体重心转移到后侧脚。

2 上挥杆到达顶点时，保持之前形成的重心分配状态。当开始下挥杆朝球位移动时，身体重心向前侧脚转移，以确保杆头顺利击球，进入结束阶段。

3 触球前后始终低头，并充分伸展双臂。身体随着挥杆向前转动的同时，重心完全转移到前侧脚，转体过程中后侧脚跟相应抬起，以保持身体平衡。

保持平衡
每个球员都想尽力将球击远，但只有在挥杆中保持好的身体平衡才能实现这一目标。
头部
挥杆结束时，两眼应正视目标。
双手
挥杆结束时，右手执杆球员双手位于左肩上方，左手执杆球员双手位于右肩上方。
髋部
两侧髋部充分转动，挥杆结束时正对目标。
双脚
身体重心全部落在前侧脚，而平衡则由后侧脚来维持
观看
DVD第2章

距离控制是成功击球的关键。了解球包里每支杆的击球距离，能让球员在球场上表现更加自信和主动。要做到这点，最好的方法就是经常去练习场练球。每次下场之前先去练习场是个不错的习惯，能让球员在前往1号洞开球之前练习挥杆，并达到热身的目的。

在练习场

- 在练习场练球之前先买一筐练习球。许多练习场都有自动售球机——切记按“出球”按钮之前一定先把篮筐放在出球口下。

- 如果击球失误，即使球只滚出很短的距离也不要试图把球捡回来重打，因为你或许会走进其他球员的击球圈内，不仅干扰他人，更糟的是还有可能被球击中。

记录距离

好的球技是在练习场而非在球场练就的。记录每次成功击球的距离，然后试着重复它。

较短的击球

如果要练习短距离击球，最好找一处较近的目标，比如场地内的球网。用沙杆或高抛特殊铁杆练习击球，试着每次都让球落网。

距离标板

利用场地内放置的距离标板，尝试每次击球都尽量落在标板附近。这能帮助球员体会并了解每支杆的击球距离。

架球

a

b

c

d

a **长铁杆**

长铁杆开球时，只需将球略微架高，相当于给自己提供一个最理想的球位置状态（见82–83页）。

b **短铁杆**

短铁杆开球时，应将球架到最有可能打出干净利落的触球、且能让球获得倒旋的最低高度。

c **球道木杆**

球道木杆开球时，需将球架到一定的高度，让球的一半高出杆头顶端，这样球员有更多机会在杆面“甜点”触球。

d **1号木杆**

1号木杆开球时，应确保至少有一半球体高出杆面上沿，这有助于球员在杆头处于上行路径时击球。

架球的高度取决于球员使用的球杆，之所以不同是因为每种球杆的杆面“甜点”——即杆面最适合触球的部位——是不一样的。例如1号木杆的“甜点”在杆面较高的位置，而在7号铁杆上则低一些，因此，应学会掌握针对不同球杆的架球高度。

确认发球台

- 当球员来到球洞，可以看到3到4组不同颜色的发球台标志，每组标志到果岭的距离不同。
- 普通水平的男性球员应前方从第二组、也就是白色（中国球场的习惯）发球台开球。
- 红色发球台通常是为女性球员准备的，是离果岭距离最近的一组发球台。

观看
DVD第3章

开始击球

许多球员会在第1洞发球台产生紧张和焦虑的情绪，虽然这是不应该的，但是大多数球员都会偶尔出现第1洞TEE台综合症，特别是当开球时有人在旁边观看。

克服紧张情绪的要诀是保持积极乐观的心态，将注意力放在如何成功地打完一洞，而不是其他球员怎么看你。尽量把心思放在击球的过程上，不要过多关注击球的结果。只要摆出正确的预备姿势并正确地挥杆，你击出的球自然会飞向预期目标。

开球的黄金法则

- 球员应只使用那些有信心打出好球的球杆。击球前先空挥几杆热身，然后开始预备击球程序。
- 无论做什么都不要急于求成。虽然想尽快完成击球，但球员还是应学会按部就班，试着用鼻子呼吸，这样能放慢心跳速度，释放紧张情绪。
- 击球时不要用力过大，这只会增加失误的几率。
- 虽然距离较短、却能保证击球上球道的开球，总是好过距离虽长却掉进麻烦区域的开球。
- 如果开球进了长草区，应利用落球区附近的参照物（如一棵树或一丛灌木等）迅速记在心里，以便接下来更容易找到球。

观看
DVD第3章

开球

购买适合自己打球水平的球杆十分重要。球员可以考虑在1号木杆上多花些钱——这个过程充满诱惑，因为市面上可供选择的种类实在太多了。然而对初学打球的人来说，花大钱买球杆可算不上精明的投资。在购买球杆之前最好先咨询有经验的教练哪种球杆更适合自己，随着球技的提升，球员的球杆也需要不断更新换代，以便与打球水平相匹配。

a

b

针对不同的球场状况选择合适的球杆。不一定每次开球都用1号木杆，比如当球道很窄、落球空间有限时，球员或许应考虑改用铁杆开球。这可能会让击球距离损失些，但却能提高精准度，让球远离麻烦区域。

开球时球员还应根据所用球杆，相应调整站位和架球高度。

a 宽站位

开球时应采用比普通击球更宽的站位，以提高击球的稳定性。如果是右手执杆球员，右肩应略微低于左肩，这样可以促使肩部更好地旋转。

b 高架球

用1号木杆开球，架球时需要比其他球杆更高。这是因为1号木杆的杆面“甜点”位置比铁杆高。

攻果岭击球

在4杆洞或5杆洞开球时，球员的目标是让球安全落在球道上。球道草比较短且较平整，球员可以从中获益，保证下一杆击球有一个好的球位状态。

当球员将球击上球道后，应尝试沿着球和目标之间的连线走近球位，这可以让球员有更多时间来考虑和权衡下一杆的打法。成功完成球道或“攻果岭”击球的秘诀是保持控球能力。任何情况下都不要尝试全速挥杆，即使是职业选手也不能。相反应稍微缩短上挥杆的幅度，更多专注于击球的精准度。

球道击球要领

- 瞄准球道击球，这可以减少球落进糟糕球位状态的可能，并提供最好的攻果岭角度。

- 一旦将球击上球道，应充分利用其位置优势，不必担心击球时杆头会掀起草皮。在触球后能正确地打起草皮通常也是击球成功的标志。

- 当走近球位时，花些时间考虑下一杆的打法。察看附近的距离标志，了解球距离果岭还有多远？距离洞旗还有多远？

- 球洞码数本是球员降低杆数的必备工具，大多数俱乐部的会所有售。

球道战术

当走到球位跟前并已决定如何击球时，球员应过一遍击球前的常规预备程序。最好是从站在球后方开始，选择最理想的目标方向线（见上图），这还可以帮助球员更直观地构想出击球的方式，以及想要的结果。

击球前，球员应选择正确的球杆，并试着在头脑里勾画出球离开杆面朝果岭飞去的画面。事先对击球进行构想不仅能帮助球员消除疑虑，当完成击球的过程与想象中完全一致时，球员还能体会到极大的满足感。

掌握打球节奏

当球员在球道上准备向果岭击球时，首先应注意前方打球的球员。假如前方果岭上有人，应等到他们打完该洞、离开果岭之后再开始击球。

打安全球

如果认为从当前球位很难直接击上果岭，通常较安全的做法是打“保守”球，即瞄准果岭前方，打可操控的短距离击球，而不是用尽全力大力击球。

球的位置状态

攻果岭击球的一个重要因素是球的位置状态，即球落地停住后处于怎样的位置。

当球落在球道上，球员就有可能在好的球位置状态下策划下一杆击球。良好的球位状态十分重要，它让球员对击球方式有更多的选择，这是异常球位置状态无法相比的。例如，直接落在几乎无草的土地上的球，也称“贴地球。面对良好的球位置状态，球员知道在杆头触球时不会有意外发生，因此可以更加放心大胆地击球。

a

b

a 良好球位置状态

当球落在球道上平整的区域，球下面有草皮、周围没有任何妨碍物，这就属于好的球位置状态。这意味着球员有更多机会打出干净利落的触球。

b 异常球位置状态

若开球没能落在球道上，那么第二杆击球上果岭的几率就会大大降低，不同的球场有不同结果。当球落在像长草区这样的异常球位置状态时，思考一下教练们经常提到的“风险与回报”。换句话说，就是当球员可以选择更安全的打法时，是否还值得去冒险让自己陷入更多的困境。

完美劈起击

当球已接近果岭、但又没达到切击球（见88-89页）的距离时，就需要用到劈起击。球员的目标是打出高飞、软着陆的击球，让落上果岭的球能迅速停住。

打劈起击之前，先要观察和想象球的落点位置，然后体会击球需要的挥杆幅度，并做空挥杆练习。此时距离控制是关键。保持基本的挥杆动作不变，击球距离较长时增加上挥杆幅度，距离较短时缩短上挥杆幅度。

a 球杆

击球时，应专注于利用劈起杆自身的杆面倾角将球送上空中，而不要试图将球挖起来。

b 握杆

使用通常的握杆方式，但预备击球时让双手略微超前于球位。

c 站位

站位较窄，球放在站位中心略靠后的位置。

黄金法则

- 打劈起击时，随挥送杆的幅度与上挥杆幅度相同（见左图）。
- 预备击球时身体重心略微偏向前侧脚。在挥杆过程中始终保持下身稳固。
- 挥杆的可控性十分重要，上挥杆幅度应比正常击球时缩短。
- 干脆利落地下杆，击打在球后部。良好的触球可以增加球的倒旋，帮助球落地后更快地停住。

a

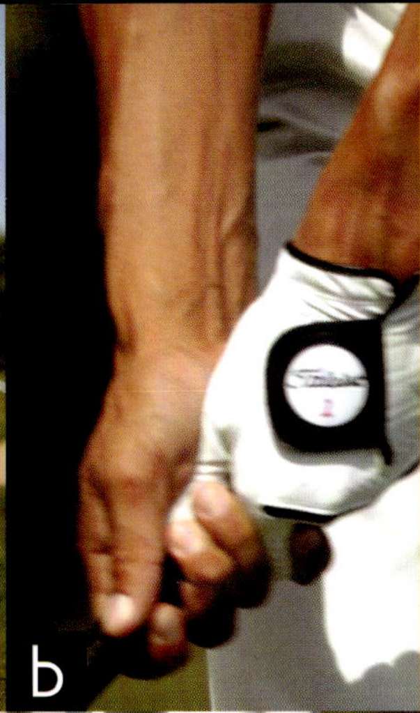
b

c

观看
DVD第5章

高抛球

虽然风险较大，但高抛球——高飞劈起击——十分适合需要球高飞越过前方妨碍物后落上果岭的情况。可使用沙坑杆或高吊杆（一种特殊铁杆），将球置于站位略靠前的地方，打开杆面，保持双手与球位平齐（见左上图）。

此时，略微偏向目标左侧瞄准，就像在沙坑击球，以较平时更陡直的角度起杆，球杆回落至球位后，确保杆头在球下方滑过时猛扫草皮（见左下图）。尽量挥出比上挥杆幅度更大的随挥送杆，打出向上高飞、在果岭上软着陆的球。

劈起击种类

练习劈起击时，球员应首先了解采用不同的上挥杆幅度的击球分别能打多远，并做详细记录。然后尝试着对击球做一些变化，例如，撞滚球，将球放在与站位后侧脚正对的位置，然后打低球，让球跳滚上果岭；还可以打高抛球，让球高高飞起后直落在果岭上，几乎不滚动。球员的实战经验越多，越能更加灵活地运用劈起击来应对不同的状况。

a 触球角度

打劈起击时，应采用比平常击球更陡直的上挥杆角度。

b 获得更多的倒旋

为了让球获得更多倒旋，落上果岭后更快地停住，可将球放在站位靠后的位置，以加速状态挥杆过球。

c 结束动作

触球后释放手臂进入随挥送杆，随着球飞离杆面，身体应向目标方向前移，随后抬起头。

切击基本功

好的切击技术可以让打球成绩明显提高。但应该在什么时候、用什么球杆打切击呢？

当球位于果岭周边，还并没有上果岭表面时，球员可以打切击。切击的目标是让球迅速跳起，越过果岭周边草皮较高的区域——也称“果岭裙边”——落在草皮修剪更短且平整的果岭表面，然后向洞口滚去。为了让击球更有效，球员应选择杆面倾角大、能让球向上飞起的杆，比如劈起杆。

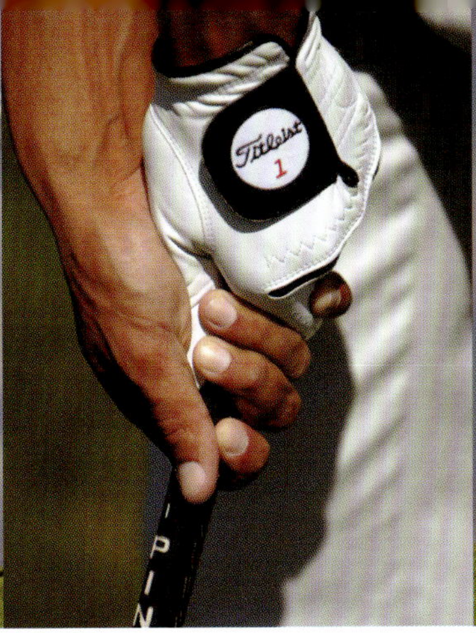

1 预备切击时，双脚比普通铁杆击球更加靠拢。球应该放在站位更靠后的位置。

2 略微放松握杆，但双腕仍稳固。保持双手超前于球位，杆身向目标方向倾斜，以便打出干净利落的击球。

3 牢记在击球过程中，始终将身体大部分重心放在前侧脚。

4 击球时，球员应全神贯注，并以加速状态挥杆过球。

5 用双臂和双肩、而非腕部挥杆，同时保持头部、双腿和上半身静止。

6 不必担心球飞不起来——只要动作正确，利用杆面倾角就能驱动球向上飞起。

观看
DVD第5章

实用的切击技巧

掌握切击对任何水平的球员都是至关重要的。因为它可以帮助球员在果岭周边脱困。只要记住成功切击的关键是以加速状态挥杆触球，并依赖杆面倾角让球飞起落上果岭。

黄金法则

●上半身略微朝目标方向倾斜。

●保持头部稳定，两眼一直盯住球，直到球被击出。

●整个过程始终保持杆面与挥杆路径垂直。

●在向后起杆及向前通过球位时，尽量让杆头贴近地面。

a

b

c

a 上坡切击

上坡切击时身体重心应落在后侧。此时你会发现选择比劈起杆倾角更小的杆，如7号或8号铁杆，击球会变得更容易。

b 下坡切击

下坡切击时身体重心应落在前侧。注意挥杆触球时不要减速，否则杆头有可能打进地面，无法正确地随挥送杆。

c 撞滚球

面对距离较长的切击时，可以打撞滚球。选用杆面倾角小于劈起杆的球杆，比如8号铁杆，以此来降低球的飞行高度，让球更迅速地落地后滚向球洞，而不是飞上空中。

推 击

职业球员经常挂在嘴边的一句名言是："开球为面子，推球为票子。"为什么这样说？因为在所有的高尔夫球击球中，推击的失误最具惩罚性，它能让球员自发球台到果岭之间打出的所有漂亮击球变得毫无价值。要想打出低杆数，球员需要掌握很好的推击技术。

1 推击时，将球放在站位偏向前侧脚的位置，推杆杆面与目标方向线垂直正对，放松握杆，但保持手腕稳固。双臂自然下垂，就像钟摆一样。

2 先做几次空挥杆练习，选择合适的击球速度。然后向后平稳拉动推杆，自肩部挥杆。

3 从上挥杆顶点向下平稳挥动推杆杆头，确保触球时杆面与目标正对。击打"通过"球位时始终保持手腕稳固、头部静止。

关键点

- 推击时应总是保持头部静止、两眼盯住球。
- 击球过程中始终保持双腿稳定、双膝略微弯曲。
- 观察推杆与球后部接触。如果击球动作正确，球员应感觉仿佛后侧手正在引导球滚向球洞。
- 就像劈起击一样，推击时随挥送杆的幅度应与上挥杆幅度相同。
- 练习推击时保持头部完全静止，直至触球之后，倾听球落入洞杯的声音，这将有助于球员打出平稳、可靠的推击。

观看
DVD第6章

改善推击的建议

推击是一种“感觉”击球，是对球员的技巧、判断力、协调能力和精细度的综合考验。推杆是球包中使用次数最多的球杆。一轮打球中，球员或许使用1号木杆13 ~ 14次，而平均每洞至少用两次推杆，这还是在状态较好的情况下。如果遇上状态不佳，球员使用推杆的次数更多，因此推击练习必不可少。下次再去练习场，建议你收起开球木杆，拿起推杆直奔练习果岭——这样做的结果能让你在球场上节省很多杆数。

a 确认推击线

击球前将果岭表面的起伏都考虑进去，试着目测球将如何滚到洞边，这一过程称为“判读果岭”。新手不必担心无法立刻找出正确的推击线，因为球打得越多，技术越娴熟。

b 复查

球员应从不同的角度观察推击线路，最好是蹲下来看，可以对果岭表面的坡度有更好的了解。

c 握杆

推击的握杆具有独特性，每个球员都可以有不同的握杆，应选择能让自己感觉舒适的方式。记住，任何能给推击带来稳定结果的握杆都是可行的。

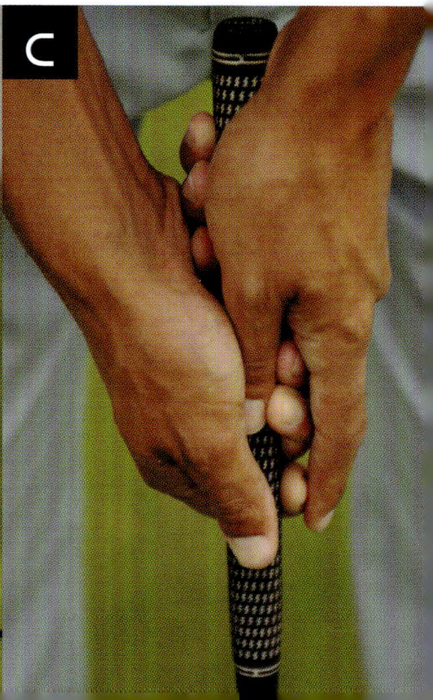

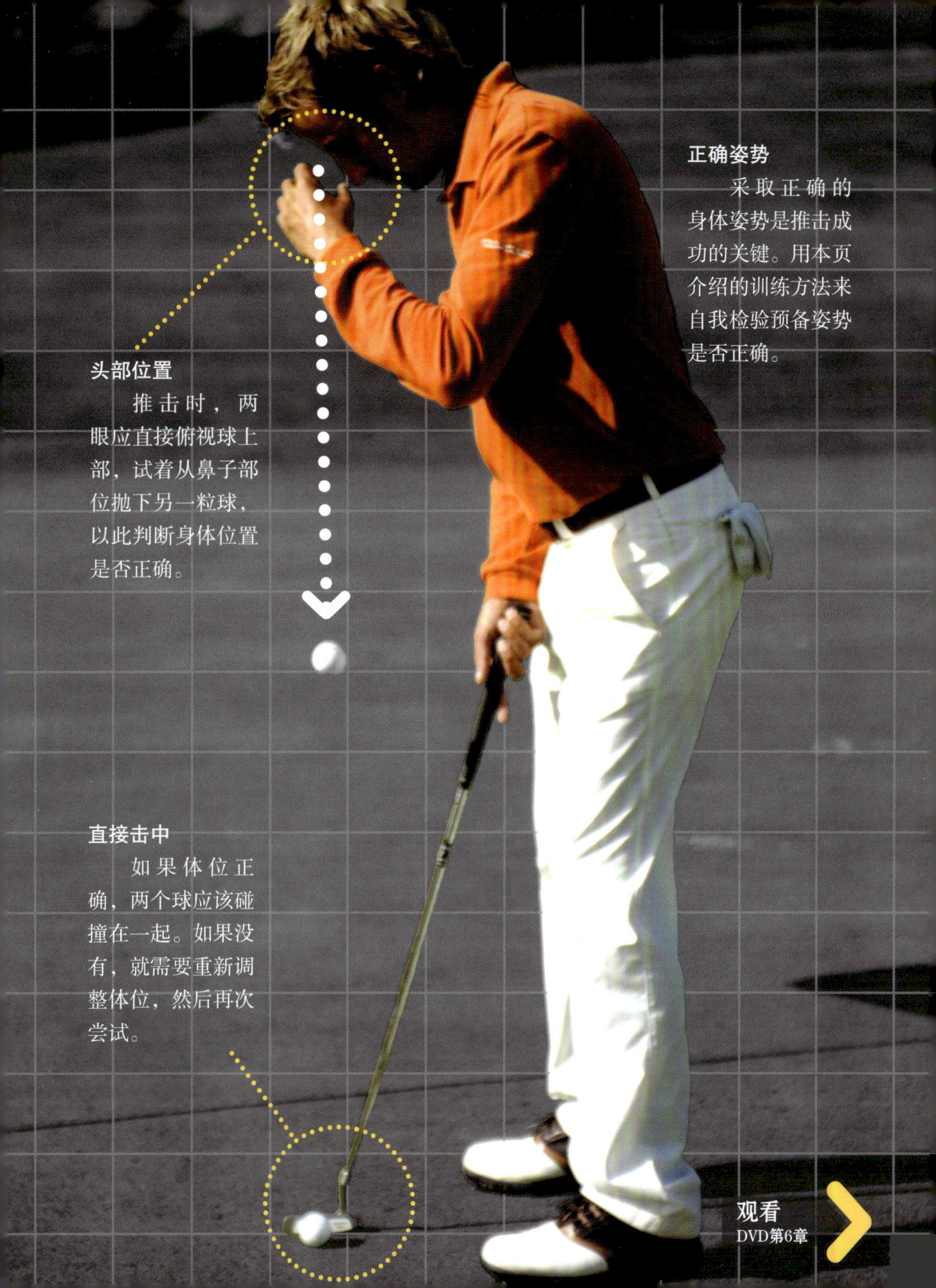

正确姿势

采取正确的身体姿势是推击成功的关键。用本页介绍的训练方法来自我检验预备姿势是否正确。

头部位置

推击时，两眼应直接俯视球上部，试着从鼻子部位抛下另一粒球，以此判断身体位置是否正确。

直接击中

如果体位正确，两个球应该碰撞在一起。如果没有，就需要重新调整体位，然后再次尝试。

观看
DVD第6章

推击训练

练习推击是降低打球杆数的最好途径，这不仅能帮助球员打造更好的推击技术，还能提高球员对速度和距离的判断力，从而增强球员在果岭上的自信心。

球离洞口越远，推球进洞的几率就越低，因此推击的秘诀之一就是即使球没进洞，也要让它停在尽可能靠近洞口的地方，确保下一杆能进洞。下面介绍两种训练方法。

长距离推击

练习长距离推击时，可尝试本训练方法（见上图）。在果岭上取几个球座围绕球洞后方插成一个半径在0.4～0.6米之间的半圆形，接着连推5粒球，保证每个都停在半圆形之内，一旦失败就重新开始练习直到成功。当球员有了明显进步后，可以增加推击的距离。

短距离推击

即使是职业球员也有错失短推的时候。要想掌握推进这些捉摸不定的短推击技巧，试试下面的“钟面”练习：围绕球洞放12粒球，形成一个“钟面”，然后试着依次将每粒球推进洞，错失一个就从头再来。球员有了明显进步后，可以增加球与球之间的距离、扩大“钟面”范围。

观看
DVD第6章

判读果岭

打造平稳、可靠的推击技巧是成为高手的第一步。从好的推击手成长为优秀的推击高手，球员必须掌握推击速度和所谓的球路“偏转”，也就是学会判断果岭起伏，了解不同情况下所需的击球力度。

了解球在上坡、下坡或侧坡上的滚动原理是判读果岭的第一步。如果是上坡球，推击时需要用较平地上更大的力度。如果是下坡就不必用大力。当遇侧坡球时，应扩大瞄球的范围，判断出球在滚向球洞的路途中会产生多少偏转。

a 在果岭上
每次下场打球之前，花些时间到练习果岭试推，这能帮助球员判断球场上的果岭速度。

b 果断击球
面对短距离推击不要优柔寡断。果断击球不仅能让球更容易进洞，还能避免推击中出现任何偏转。

c 边看边学
击球之前先从不同的角度仔细观察球路偏转，并在头脑中记录其他同伴推出的球滚向球洞的情况，为自己的击球作参考。

d 保持积极心态
一旦确定了推击路线和速度，就要相信自己的判断并在推击时保持积极心态。最糟的推击是推出的球过短，因此要使出足够的力度，至少能让球停在洞跟前。

c

d

错误纠正：左曲球和右曲球

虽然所有初学者的目标都是击出又直又远的球，但常常是说着容易做起来难。由于挥杆动作包含了太多组成部分，其中任何一个出现误差，就会连带出其他错误，球也好像总是很难被打到理想的位置。

左曲球

左曲球是指球的飞行轨迹偏离目标方向线向左侧弯转。以下是为避免打出左曲球需要注意的方面：

- 在做好预备击球姿势后，应确保球杆的杆面与球保持正对。否则，在触球瞬间杆面与球垂直正对的机会也很小。

- 握杆过于强势也是打出左曲球的原因之一。调整方法是双手沿逆时针方向转动，握杆时从上往下看，双手露出的指关节数应相同。

右曲球

右曲球是指球的飞行轨迹出现自左向右的弯曲（对右手执杆球员而言），这是由于预备击球姿势和挥杆中的各种错误所致。考虑以下几点调整方式：

- 检查双脚连线，应与目标一致，站位与目标对齐。
- 双肩、两侧髋部和双脚应与目标对齐，否则将挥出“自外向内”的挥杆路径，给球施加侧旋，这是产生右曲球的最直接的原因。
- 握杆可能偏弱。调整方法是双手沿顺时针转动，握杆时从上往下看，双手露出的指关节数应相同。

错误纠正：挥杆

如果问任何一位球员，打高尔夫球时感觉最好的是什么，他们会说是打出称心如意的好球以及打完一轮后取得满意成绩时。

当然，这些不可能经常发生，原因是多种多样的。努力纠正挥杆中的瑕疵，能显著提升球员打出完美击球和成功推击的机会。

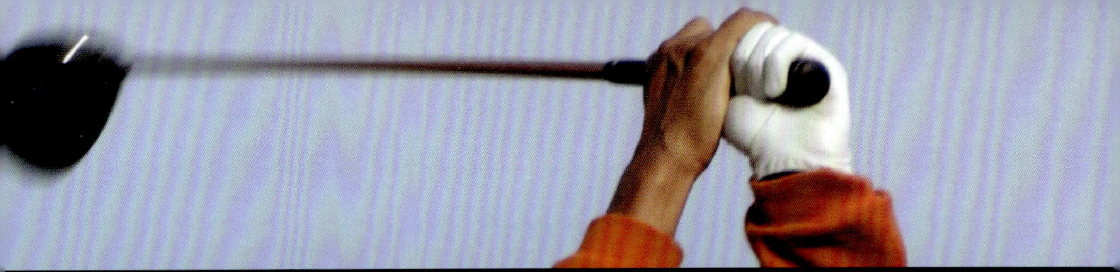

a 缓慢而平稳

击球用力过大常常会导致球员在击球距离和精准度上的损失。球员应尽可能缩短挥杆幅度，以保持控球能力，虽然这样做或许会让球在球道上少飞几码。

b 起杆

如果想让击球距离最大化，上挥杆需要有足够的幅度。起杆时尽量让杆头贴近地面且不要过早屈腕。

c 做好准备

好的姿势和平衡是成功完成挥杆的重要前提。预备击球时，不要刻意去够球，应保持脊柱笔直，自腰部前倾。当使用木杆时身体需要更加直立。

d 下杆及随挥送杆

下杆时，右肘应朝着右髋方向下行。球员需尽量保持手腕的屈曲状态，直至杆头触球之前。

c

d

错误纠正：常见问题

打高尔夫球给人带来的既有乐趣也有挫折感。有时候球员会因为运气或挥杆状态不佳而愤然离开球场，而有时又会由于一些小小的改变，让自己在打球中获得额外犒赏。

即使球技进步缓慢也不要急于求成，自古以来还没有人打出过完美无缺的一轮球。只要不断总结经验、不断练习、保持积极心态，球员就一定能纠正各种错误，使打球成绩逐步得到改善。

a 劈起击挥杆

不要忘了劈起击的挥杆与普通挥杆相差无几。因此挥杆时需保持前侧臂伸直，同时双膝保持弯曲，且预备击球时，上身自髋部前倾。

b 构想切击球

如果在果岭边切击球出现打短或飞出果岭，球员可以先想象一下假如用手朝果岭掷一粒球时，怎样抛掷才能使球更接近洞口。这有助于球员获得更好的感觉，找到理想的落球点。

c 沙坑球

想让沙坑击球更接近球洞，关键在于球员的预备姿势。记住对右手执杆球员，身体站位需瞄准目标左侧，如果是左手执杆球员就瞄准目标右侧。身体重心大部分落在前侧腿。请注意，果岭边沙坑击球时站位应足够开放。

d 正确推击

初学者最常见的推击错误，是以减速状态挥杆过球。根除这一毛病的方法是训练正确的钟摆运动。双臂之下夹一支球杆横过胸前，杆身与目标方向线平行，试着练习推击动作，不要让夹着的球杆落地。这一训练能帮助球员培养好的挥杆习惯。

d

下场打球

接下来

高尔夫球礼仪 110–113页

在球场上举止得体、讲究礼仪，是高尔夫球运动重要的组成部分。本章介绍了球场上如何正确行为，才能让每一场球都变成一次愉快的打球体验。

从异常球位状态下击球 114–117页

上坡、下坡、侧坡——处于不同位置状态的球需要不同的击球技巧。本章探讨如何自信、自如地应对异常球位状态。

沙坑击球 118–127页

一旦了解成功脱困的秘诀，沙坑和其他障碍区就都不再是威胁。介绍一些常见问题的解决方案，以及摆脱沙坑恐惧心理的方法。

抵达果岭 128–131页

从照管旗杆到标明球位，讲述在果岭上该做什么和不该做什么。

球场上的举止

高尔夫礼仪是指在球场上举止得体、时刻为他人着想。例如其他球员击球时保持安静，待前方球员走出击球所及范围之外后再击球等，都是些常识性的规则。但任何时候，如果在场上有任何疑问，或拿不准该怎么办时，球员应首先向球场工作人员征询指导。

球场礼仪黄金法则

- 走上果岭时，一定要留意同组其他球员击上果岭的球，小心不要踩踏其他人的推击线；当球员从洞口移走旗杆时，应将它放在远离球洞、不会影响其他球员击球的地方。

- 当打完一洞、将旗杆放回洞口后，不要在果岭边停留核对成绩，应直接走到下一洞发球台，在那儿计算上一洞成绩也不晚。

- 在球场上延迟打球对很多球员来说都是无法忍受的，它令人心烦、气躁，而且通常是可以避免的。因此在打球时应保持合适的速度，尽量不要耽误时间。例如寻找遗失球不能超过5分钟——一旦超过不仅违犯了规则，还会受到后面一组球员的投诉。

- 如果球员所在的一组正打三球赛或四球赛（见152–155页高尔夫球术语），那么他们有义务让两人组“先行通过”，也就是说让两人组到他们前面先打。

修理球印及草皮断片

最让高尔夫球员恼火的事，莫过于看到一个布满球印的果岭，或是开出了一杆完美击球后，却发现球落在球道上一处草皮被打起后留下的凹穴里。

1 **修理球印**

当果岭较软时，球落地后都会在果岭表面留下印迹。

2 用专用的果岭修理叉或球座修理球印。千万不能直接用球杆或是球鞋来压平球印。

1 **整理草皮断片**

初学者普遍有个错误观念，认为击球时损伤草皮、产生断片是件坏事，其实不然。

2 正确击球时通常会产生草皮断片，所以不必担心，只要记得修复它就行了。

有时候打完一场球，球员会发现几乎每次击球都会对场地造成损伤。应多为其他球员着想，花些时间随时修理果岭球印和草皮断片。

观看
DVD第5章

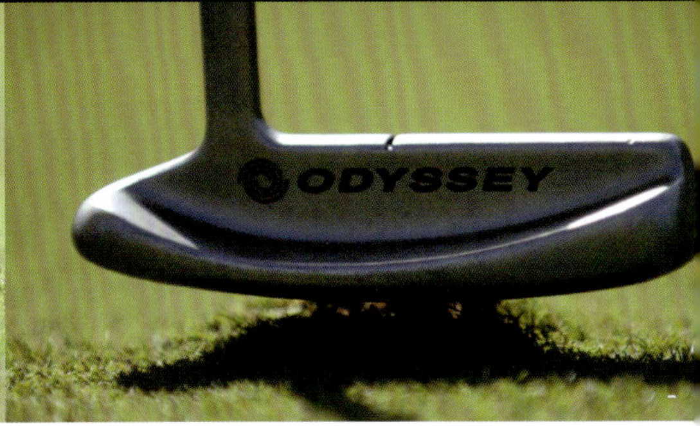

3 将修理工具插进球印后侧，向上朝球印中心推拱草皮，然后自球印四周重复这一动作。

4 围绕球印完成步骤3之后，用推杆头底部轻拍受损区域，直至表面平整。如果时间充裕，还可以顺便修理一下果岭上其他可见的球印。

3 打出草皮断片后，球员应走过去将它捡起，重新放回之前击球的地方。

4 从哪里打起的草皮断片就应放回哪里，然后在复位的草皮上踩一踩，让它的表面与周边齐平。

上坡及下坡球位

很多情况下球都不会总落在草皮平整的区域。球员应牢记的是面对非正常球位，基本的挥杆动作应保持不变，需要改变的是预备击球姿势和球杆的选择。在上坡和下坡球位击球时，关键是要顺坡、而不是逆坡挥杆，预备击球时身体应与斜坡平面垂直。

a

b

a 上坡球位

处于上坡位的球，通常会比平地击球飞得更高，因此需要选择比平常大一号的球杆，例如通常应选7号铁杆的情况，遇到上坡球就应改用6号铁杆。将球放在比正常站位更靠前的位置，上挥杆时保持后侧腿稳固。下杆过程中将身体重心转移到前侧腿，并利用肩部转动完成挥杆。

b 下坡球位

下坡位的击球与上坡正相反，应选择比平常小一号的球杆，因为球会比平地击球飞得更低（也更远）。预备击球时将球放在站位靠后的位置。击球时身体重心落在前侧脚，挥杆过程中双手感觉是沿着斜坡线移动。如果坡度特别陡，球员或许需要更多地上翻手腕，以防止上挥杆时杆头触地。

观看
DVD第4章

侧坡击球

球场上最难对付的击球之一是侧坡位击球。但如果在击球过程中能保持身体平衡，并在预备击球时做好相应调整，你很快会发现，侧坡击球并没有想象中那么可怕。

当球位低于双脚站位，预备击球时身体应后靠，重心大多落在双脚跟上。由于此时挥杆平面更加直立，击出的球会有右曲倾向，但可以通过调整瞄球来纠正，较平地击球更多偏向目标左侧瞄准。尽量靠近握柄末端握杆，以充分利用球杆的长度，双膝弯曲，上半身向前倾斜。

预备击球决定成败

球员不必为侧坡球位烦恼。通过调整预备击球姿势，可以让球员更自信，也让这类击球变得更容易应对。

双手

当球位高于双脚站位时，球员较平地击球时更接近球，所以应降低双手在握柄上的握杆位置。

瞄球

此时击出的球会有左曲倾向，因此在预备击球时应做相应调整，略微瞄向目标右侧。

站位

击球过程中，身体重心始终放在两脚的趾部。

观看
DVD第4章

沙坑

对众多初学者来说，沙坑救球无异于梦魇。只是想想都能让人心惊，脑海里浮现出的净是连打几杆都不能让球飞出沙坑的绝望场景。但事实上球员一旦了解应该如何做，就没什么可怕的。无论是果岭边沙坑救球，还是球道沙坑脱困，只要球员掌握正确的技巧，就会发现其实沙坑救球完全可以成为最容易的击球之一。

沙坑脱困

- 调整击球预备姿势是关键，让双脚深陷于沙子中，这样击球时身体可以有一个更稳固的基座。
- 从果岭边沙坑击球时，右手执杆球员应瞄准目标左侧，相反应瞄准目标右侧。
- 在球道沙坑击球时，试着从球后侧2.5厘米处沙面入杆击打。
- 对各种沙坑球，预备击球时球员的两眼应盯住准备让杆头插入的沙面位置。
- 无论什么位置的沙坑球，都需牢记总是以加速状态挥杆过球。

选择正确的球杆

球道沙坑通常较平浅，球员可以根据击球距离，按常规选择球杆。果岭边沙坑通常较深陡，需要使用沙坑杆。这是一种特殊铁杆，有着较大的杆面倾角（常见是56°），以及特别为让杆头能在沙子中穿行的底面凸缘设计。扁平形状的杆头在击中球后侧沙子，使之飞溅出沙坑的同时，将球带出送上果岭。

避免受罚

在沙坑中击球之前绝不能让球杆着地触沙，否则球员将会受罚。

观看
DVD第4章

果岭周边沙坑

自果岭边沙坑击球，球员应有意避免直接击中球。听上去有点儿奇怪，这是因为球员击打的目标是球后方2.5厘米的沙面，利用击打沙面爆扬起的沙子将球抬起，向前推出沙坑。

1 双脚站稳，拿起沙坑杆摆出预备击球姿势：打开杆面，身体瞄准旗杆左侧（左手执杆球员则瞄准右侧），将球置于站位中心，握杆较平常更牢固，双手与球对齐，双膝弯曲，身体重心移到前侧脚，以便打出陡直的挥杆。

2 将球杆悬停在球后方，并选一个标记作为杆头入沙处，也就是击打的目标。击球时杆头扫过沙面，带起约一张美元钞票大小的沙子。始终保持头部稳定，采取比普通铁杆击球更陡直的上挥杆。

3 下挥杆接近球位时，球员应体会到横切过球的感觉，或者如教练所说——自外向内挥杆。尽管有点儿别扭，但要相信自己的挥杆。即使感觉飞出的球会偏向左侧，但由于杆面是打开的，所以实际上球会被带到右侧。

4 就像之前所说，沙坑击球的要素是以加速状态挥杆过球。同样不可缺少的是正确的随挥送杆和髋部、肩部的转动。此时，球员最不愿看到的一幕是杆头被卡进沙子里，而球却仍留在沙坑中。

球道沙坑

球道沙坑与果岭边沙坑完全不同。在球道沙坑，球员面对的是距离更远的击球，因此需要选择不同的球杆。此时不必像果岭边沙坑那样，靠击打沙子将球“轰”出沙坑，而是直接将球从沙面上击打出去。

1 在球道沙坑中预备击球时，让双脚深陷在沙子里，以确保击球时身体有个稳固的基座。将球置于站位略靠前的地方，这有助于球员在杆头上行时触球，降低打起过多沙子的机会。

2 握杆时，双手在握柄上少许下移，并略微加强力度。在击球过程中尝试保持下半身静止不动。

3 此类击球的关键不是力度，而是精准度，因此选择比平常大一号球杆，并缩短上挥杆幅度。

4 球道沙坑的击球目的是直接将球从沙坑表面打出去，尽可能少地带起沙子，尽可能多地增加击球距离。

5 以加速状态挥杆过球，并充分完成随挥送杆动作。接下来需要做的就是看着球朝果岭飞去。

长草区

如果说沙坑脱困靠的是控球能力，那么从稠密的长草区救球则是靠原始动力。要想让球顺利脱离长草区回归常态，在击球之前必须考虑周全，先调整好站位。

a 深思熟虑

击球的首要目的是采取最佳方案让球脱离困境，不要太贪心，当距离果岭还很远，而球却深陷长草区几乎无法看到时，应重新考虑是否还要直攻果岭。

b 双腕稳固

接下来，在击球过程中应确保双腕稳固。这点很重要，因为球杆在长草间移动时，会被草叶绊住，有可能导致杆头偏离目标方向线。

c 重心转移

握杆略微下移，球放在站位靠后的位置。重心转移到前侧腿，因为球员需要通过身体重心的转移积聚能量，协助球飞出去，这也有助于杆头加速通过球位。

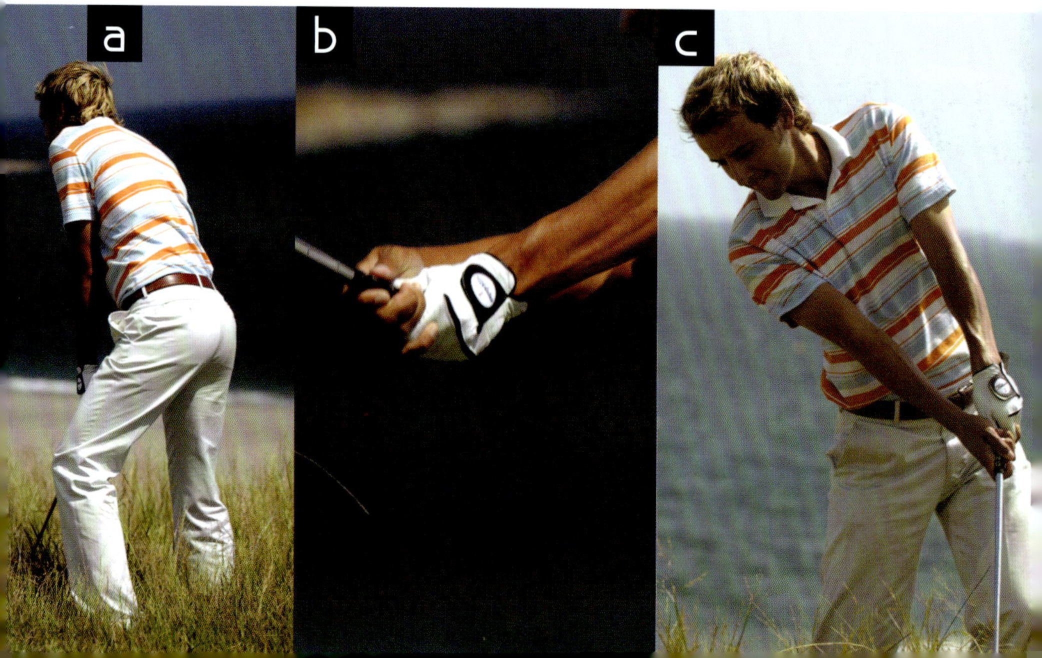

长草区击球

自信、专注地对待击球，有助于球员从长草区顺利救球。

两眼

即使击球力度加大，球员也应尽量在击球过程中将注意力放在球上。

双手

双手腕始终保持稳固，触球时确保杆面尽可能与球保持正对。

双腿

下挥杆期间，将身体重心转移到前侧腿，这有助于击球力度最大化。

观看
DVD第4章

更多障碍区

障碍区能破坏一轮好球。无论是在水塘还是灌木丛，球员需要了解球落进障碍区后可选择的解决方案，然后决定是否继续击球。

球员应问问自己是否有把握让球回到正常状态，继续击球需要承担怎样的风险，是否有可能陷入更大的麻烦。例如，当球被打进篱笆里，根本不可能用球杆打出来时，最好的处理方法就是宣布球“不能打”；在接受一杆处罚后，球员可以在该球的停点两球杆范围之内、但较该点更不靠近球洞的地方抛球。如果球落进障碍区，而球员对能做什么、不能做什么存有疑问，那么最好先找个明白人问问。

a 在水里

当球落进临时积水区，比如球道上的雨水坑，球员可以在干燥地面重新抛球，不受罚。但如果球落进（由红色或黄色桩标识的）水障碍，球员就得接受一杆处罚，除非球员决定在现有状态下击球。多数情况下球员无法从水中击球，所以最好按照规则采用成功几率更高、更安全和保险的方式。

b 抛球

按照规则需要抛球时，应由球员自己抛球：直立、手持球将手臂完全伸直并举至与肩部相同的高度，然后让球自然落下。

c 对不能打之球的处置方法

如果球员宣布他的球为不能打之球，他可以有几种选择，最常见的是在球停住的地点两球杆范围内抛球。首先用一支球座标识球位，然后拿起球，接下来用球包里最长的那支杆，自球停点朝着最近的补救点（但不能更靠近球洞）方向量出两球杆长度，再用另一支球座标识这个点，然后应在两个标识点之间抛球。球员还可以选择回到最后打初始球的地点重打。

对以上两种解决方案，球员都必须先接受一杆处罚。

c

在果岭上

到达果岭后球员不应只想着推球入洞，还有一些重要的事项需要考虑，包括修理果岭球印、标明球位、擦拭球等。当和其他人同组打球时，果岭上的行为举止和礼仪是最重要的。

果岭指南

- 在果岭上的球可以被拿起擦拭。首先，站在球后方对准旗杆，在球后侧放一个球标识，以此来标明球位。

- 修理果岭上任何可见到的球印。由高尔夫球鞋钉造成的果岭损伤可以在打完该洞之后修复。

- 同组中，总是让球位距离球洞最远的球员先推球。

- 如果同组球友的球离洞很远，应主动上前为其照管旗杆，这可以让推球的人对球洞位置有更好的了解。

- 旗杆被移开后应放在果岭边缘，或是果岭上远离球洞、不影响任何人击球的地方。

- 球员在果岭上走动和准备推击时需多加小心，不要踩踏其他球员的推击线。

更进一步

接下来

准备活动：134–135页

在前往第一洞发球台之前先热热身，让肌肉活动开，这十分重要。球员针对躯干、肩部和后背做一些伸展运动，在提升打球技能的同时，保护身体免受拉伤。

精练球技：136–139页

如果想成为球场高手，必须精通球场风险管理和攻略之道，了解如何在特定条件下作出正确的抉择。

大型比赛：140–143页

每年都有多场大型高尔夫球职业赛事在世界各地上演。观看职业高手们在比赛中的表现，从中学到对自己有用的临场技巧。

高尔夫旅游：144–149页

遍布全球的高尔夫球之旅，正等待着人们去发现。希望探寻到理想的高尔夫度假目的地。

打球之前的热身

想让球技达到一个相当高的水平，球员必须具备一定的身体条件和素质。越来越多的世界顶级球星会花很多时间去健身，这已成为一种潮流。初学者也应尝试去加强体能和耐力，提高身体灵活性和力量。

在前往第一洞发球台之前，球员一定要先热身，让背部、躯干和肩部得到充分伸展，这不仅能帮助球员更加自如地挥杆，还可以降低肌肉拉伤的可能性。当然，也不能热身过度——先从较柔和的伸展运动开始，逐渐让身体活动开，避免肌肉过度紧张。此外做任何动作时，保持同一姿势的时间不要超过5秒钟。

a 背部伸展

将1号木杆立在身前，双手搭在握柄顶端，双臂尽量向前伸，上身下压，直到感觉背部肌肉得到伸展。

b 肩胛骨拉伸

取一支铁杆，用一只手握住杆身，杆头朝上，在头后方举起。另一只手从背后握住球杆握柄，尽可能地拉伸上臂，直到肌肉有紧张感。

c 背部转动

双手分别握住1号木杆的两头，横架在后背肩胛处。双脚掌平踩在地上，慢慢转动上身，就像是在重复挥杆时的身体动作。

d 躯干伸展

左手握住一支铁杆头，右手握住握柄，在感觉舒适的前提下尽量向上伸举双臂，然后，上身朝地面做侧屈体。保持这一姿势5秒钟，然后换另一侧重复该动作。

e 肩部伸展

一只手臂横过胸前，用另一只手将其朝身体一侧拉曳。球员应能感觉到肩膀后部的伸展。保持这一姿势5秒钟，然后换另一侧手臂重复该动作。

风险管理

虽然球场上犯各种错误是不可避免的，但球员还是应该在选择击球方法时权衡利弊。特别是遇上有风险的击球，应事先考虑一下后果，再决定是否值得一试。

假如开出的球飞进树林，泰格·伍兹或许能直接将球救出，但对于新手来说，就不能有过高奢望，应该集中精力，尽量将错误造成的损失降到最低。

风险策略

- 一旦决定了如何击球，对球员来说，重要的就是要有勇气和信心专注于击球，在球场上三心二意通常会使球员陷入更大的麻烦。
- 一轮打球中要随时考虑好击球的策略；在正确的时候选择正确的球杆，可以帮助球员降低杆数。
- 在球场上更多追求精准度而不是力度，似乎总能为球员带来更好的结果。
- 如果球落进长草区或是树林中，不必恐慌，试着找到能让球回归球道的最安全的路径。

a 保持冷静

球场上的过度自信也会让球员吃苦头。遇到麻烦时，应总是先权衡利弊，决定最合适的击球方式，即使必须加罚一杆也在所不惜。

b 重视短推击

如果球被切到离洞口很近的位置，不要觉得简单，就随随便便地走上前把球敲进洞。要像对待其他推击一样认真，确保球进洞。

c 向其他球友学习

无论何时只要有机会，球员就应认真观察同组球友的击球，并从他们身上汲取经验。是否击球过远或过近？使用了哪支球杆？

d 勤于思考

开球前在发球台做空挥杆练习，不仅可以帮助球员使眼前的击球更加形象化，而且也给球员时间重新评估前方潜在的风险。

球场攻略

“球场攻略”简言之就是在正确的时间打出正确的击球。要想了解何时应强势进攻、何时安全防守，球员需要有一定的经验积累。打球越多，越能轻易识别出每个洞的玄机。

球场上的最佳行动准则是量力而行。假如1号木杆开球有右曲倾向，而前方球道右侧是界外，球员就应改用有把握打出直飞球的杆，尽量远离障碍区和长草区，这样做或许会损失一些击球距离，但却能保证让球始终处在正常的位置状态。

球场攻略黄金法则

- 到达发球台后，球员应花些时间熟悉球洞，决定开球的落球区，为下一杆做准备。如果是没打过的新场地，需要先研究记分卡上的球洞图，并制定相应的攻防策略。

- 认真考虑击出的球能否飞行足够的距离以避开前方的沙坑？选择的球杆是否有足够的杆面倾角使球飞越树林？当前风力有多强？其中可以向空中抛一小撮碎草来判断风向。

- 即使平日击球有右曲或左曲倾向，也绝不能冒险朝障碍区或长草区瞄球，期盼击出的球能自动发生偏转，避开这些区域。球员应总是保持积极心态，瞄准安全的落球地带。

- 球员在发球台准备开球时，应在与前方障碍区或长草区的同一侧架球，这样能使球员在心理上感觉正朝着远离麻烦的目标瞄准。

观看职业球员比赛

有机会的话，一定要前往现场观看职业高尔夫球比赛，体会职业球员的高超技艺。虽然这些高手们是经历多年训练才达到如此水平，但初学者也能通过观看他们的打球，汲取对自己有用的真经。因此，如果你是位高尔夫球狂热分子，渴望迅速提升球技，就请多研究职业球员的场上表现，注意观察他们顺畅自如地挥杆，以及在比赛中轻松应对的态度。记录下他们是如何判读果岭、如何击打沙坑球，然后把这些心得带到练习场，在练球时加以实践。

b

c

a **魏圣美**

这位16岁就转为职业球坛的“小魔女”得到媒体的广泛关注，被认为高尔夫球职业生涯前途无量。

b **泰格·伍兹**

他是公认的有史以来最伟大的球员之一。伍兹的出现将高尔夫球运动提升到一个全新的层次。

c **赛吉奥·加西亚**

绰号“圣婴（El Nino）”的西班牙球星加西亚，以他激情四射的赛场风格，改变了人们对高尔夫球运动的传统印象。

世界知名大赛纵览

每年从澳大利亚（见左图）到阿拉斯加，有数以百计的高尔夫球职业赛事在全球各地举行。其中最高等级的要数四大满贯赛（简称四大赛），以及由顶级高手参加的、充满激情和竞争的团体锦标赛。

高尔夫球顶级赛事

- 4月举行的美国大师赛（The Masters），是每年上演的第一场大满贯赛事。与其他四大赛不同的是，美国大师赛永远在同一个球场举行，那就是位于美国佐治亚州的奥古斯塔国家高尔夫球俱乐部。
- 美国公开赛（US Open）创办于1895年，被誉为四大赛中最难的比赛，每年6月举行。
- 英国公开赛（The Open Championship），也称"公开锦标赛"，每年7月在英国举行，是四大赛中历史最悠久的比赛，可追溯到1860年。
- 8月举行的美国PGA锦标赛（US PGA Championship）是每年的最后一场大满贯赛事。
- 两年一届的莱德杯（Ryder Cup）是在美国和欧洲之间举行的队际比洞赛，创办于1927年，已成为国际体育界最重要的赛事之一。
- 女子职业高尔夫球也有四大满贯赛事：4月举行的纳贝斯克锦标赛（Kraft Nabisco Championship）、6月的美国女子职业高协锦标赛（LPGA Championship）、7月的美国女子公开赛（US Women's Open），以及8月举行的英国女子公开赛（Women's British Open）。

走出去

如今，高尔夫球运动已遍及全球各大洲，各种设计各异的高尔夫球场层出不穷。从苏格兰、爱尔兰知名的林克斯（Links）球场，到最近在澳大利亚和中东地区流行起来的沙漠球场，每个球场都能提供其独一无二的挑战性。对球员的考验是，无论走到哪里，都能运用自己的球技知识，以及个人想象力和判断力，迎接来自不同球场的挑战。

高尔夫假期

开始接触高尔夫球后，你就会发现有一个全新的世界正等待着你去探索。要想既满足自己的运动喜好，又能到访世界上最美丽的地方，那么一次高尔夫假期将是最完美的选择。从短期周末旅行，到包含了高尔夫球课程的度假村行程，可供选择的高尔夫度假计划可谓丰富多彩、应有尽有。

顶级高尔夫度假目的地

● **葡萄牙**

位于葡萄牙南部、四季如春的阿尔加维地区（Algave）拥有众多高品质的高尔夫球场，包括世界知名的Penina和Quinta do Lago高尔夫球度假村。

● **佛罗里达**

美国佛罗里达州拥有超过1000座球场，能满足各种水平球员的需要。这里终年阳光普照，有着世界顶级度假村，是首屈一指的高尔夫球度假胜地。

● **苏格兰**

这里有最知名的海滨球场，也称“林克斯”球场。例如，堪称高尔夫球圣地的苏格兰圣安德鲁斯老球场（右图），它给球员特殊的高尔夫球感受，横扫球场的强风能令任何高手甘拜下风。

● **西班牙**

西班牙南部气候温暖，高尔夫球场建设得天独厚，著名的阳光海岸（Costa del Sol）沿线有多个世界顶级球场为球友们津津乐道，至使该地区被昵称为“高尔夫海岸（Costa del Golf）”。

● **迪拜**

超豪华酒店、宜人的气候、惊艳的高尔夫球场，这一切都使迪拜迅速发展成为各国球员新的、最热门的高尔夫度假目的地。其中完美的迪拜小溪（Dubai Creek）和迪拜乡村俱乐部（Dubai Country Club）球场不容错过，能为球员带来美妙的高尔夫球体验。

极限高尔夫球

和其他运动项目一样，随着越来越多的人参与，高尔夫球也在不断地发生演变，涌现出一些既怪诞又精彩的另类高尔夫球游戏。如今人们可以在加拿大的深山、内华达的沙漠，甚至是伦敦的街头打高尔夫球。也就是说，离开了绿草茵茵的球道和修剪平整的果岭，球员们照样能尽情享受打高尔夫球的乐趣。

b

c

a 冰雪高尔夫球

每年3月，在格陵兰岛冰冻的乌玛纳克峡湾都会举行世界冰雪高尔夫球锦标赛（World Ice Golf Championships），吸引着来自世界各地的高尔夫球爱好者在零下50摄氏度的严寒中打球（当然，必须用荧光球）。

b 夜晚高尔夫球

如今，打高尔夫球已经成为全天候运动。灯光球场的普及让球员有机会在任何时间，甚至在别人熟睡的时候享受打球乐趣。

c 沙漠高尔夫球

在沙漠高尔夫球场，人们不是在绿色果岭，而是在棕色沙地上推杆。图中所示在内华达黑岩石沙漠举行的年度比赛中“地狱洞”发球台一景。

高尔夫球的网络世界

如今人们在读书看杂志之余，还有了另一种有效获得高尔夫球资讯的途径，那就是登录互联网。以下列举一些有用的高尔夫球专业网站。

高尔夫球职业巡回赛及管理机构

www.pgatour.com

美国PGA巡回赛官方网站，全面报道巡回赛事、打球数据统计、球员资料及球技指导。

www.europeantour.com

欧洲巡回赛官方网站，包括所有最新赛事资讯和比赛结果。

www.asiantour.com

亚洲巡回赛官方网站。

www.ladieseuropeantour.com

欧洲女子高尔夫球的网上家园。

www.lpga.com

美国女子职业高尔夫球协会（LPGA）官方网站，包括赛事报道、新闻、成绩以及球员简历。

www.randa.org

高尔夫球规则的制定机构——圣安德鲁斯皇家古老高尔夫球俱乐部官方网站。

www.usga.org

美国高尔夫球协会（USGA）官方网站，是高尔夫球规则在美国的制定机构。

赛事网站

www.opengolf.com

www.masters.org

www.usopen.com

www.pga.com

四大满贯赛事官方网站。

在线高尔夫球杂志

www.golfdigest.com

美国《高尔夫球文摘》网络版

www.golfonline.com

内容来自美国《高尔夫球杂志》，包括教学、装备和旅游栏目。

www.golfpunkonline.com

来自英国的新潮、另类和时髦的《高尔夫球朋克》杂志网络版。

高尔夫球教学网站

www.golfinstruction.com

综合的高尔夫球教学和指南网站，适合各种水平的高尔夫球员。

高尔夫球术语

Ace 一杆进洞。

Address 预备击球：即球员在击球前调整站位及姿势。

Air shot 打空球：球员试图击球但未能击到球。

Albatross 信天翁球：英国人对在单独洞打出低于球洞标准杆三杆成绩的叫法。在美国称为“双鹰击”。

Approach shot 攻果岭击球：通常指以击上果岭为目标的中、短距离击球。

Apron 果岭裙边：围绕果岭的、草皮修剪得比果岭草长，但比球道草短的区域。

Ball in Play 使用中球：球员从发球区击球之后，球即成为“使用中球”；该球直至击球入洞为止都始终保持使用中球状态，除非当球出界、遗失、被拿起或依照规则被另一球替换时。

Ball Marker 球标识：在果岭上拿起球时，用于标示球位置的圆形小物件或硬币。

Birdie 博蒂（小鸟球）：在一洞打出低于球洞标准杆一杆的成绩。

Bogey 博基：在一洞打出高于球洞标准杆一杆的成绩。

Bump and run 跳滚球：在果岭落地后继续滚动一段距离的低飞切击球。

Bunker 沙坑：一种被沙子填充的障碍区。

Caddie（Caddy） 球童（也称球僮）：在打球过程中为球员背球包和球杆的人员。

Chip Shot 切击球：通常从果岭周边击球上果岭的短距离击球。

Choke 低位握杆：在球杆握柄上下移握杆位置。

Club Head 球杆头：球杆上用来击球的部分。

Clubhouse 俱乐部会所：高尔夫球场的主要建筑。

Cup 球洞杯：在球洞内用于固定旗杆的器具。

Dimple 球凹点：遍布高尔夫球表面的圆形小凹。

Divot 草皮断片：击球时被杆头切下的一片草皮。应总是立即得到修补。

Dogleg 狗腿洞：球道有弯转的球洞。

Dormie 在比洞赛中：一方领先的洞数和待打的洞数相等。例如：还剩5洞待打时已赢5洞。

Double bogey 双博基：在一洞打出高于球洞标准杆两杆的成绩。

Drain 推球进洞。

Driving range 练习场：球员练习击球的场地。

Drop 抛球：按照规则，让已被宣布为不能打之球或遗失球重新回复使用中球状态的处置程序。

Eagle 老鹰球：在单独洞打出低于球洞标准杆两杆的成绩。

Face 杆面：球杆头上的击球区域。

Fairway 球道：高尔夫球场每洞位于发球台和果岭之间、草坪保养良好的区域，能为成功的击球提供好的球位状态。

Fat Shot 击球过厚：指杆头在触球之前先打到球后方的地面。

Flier 飞球：被击打的球没有获得任何倒旋，比通常情况下飞出更远的距离。

Follow-though 随挥送杆：触球之后的顺势动作，是挥杆的结束部分。

Fore 看球！当发现任何人可能有被飞出的球击中的危险时，高声喊叫的警语。

Fourball 四球赛：一方二人中分数较好者对抗另一方二人中分数较好者的比赛。

Foursome 四人组或四人二球赛：指四人在同一组打球，或指一方二人对抗另一方二人，每一方只打一个球的比赛。

Free drop 自由抛球：不需要接受处罚的抛球。

Fringe （同**Apron**）果岭裙边：围绕果岭的、草皮修剪得比果岭草长，但比球道草短的区域。

Gimme 免推：相当短的、肯定能在下一次击球被推进洞的推击，因此在比赛中由对手允许免推。

Grand Slam 大满贯赛，也称四大赛，分别为：英国公开赛、美国公开赛、美国PGA锦标赛和美国大师赛。

Green 球洞区（也称果岭）：是球场上推击球进洞的区域。

Green fee 果岭费：是高尔夫球场向球员收取的、完成一轮打球的场地费。

Greenkeeper 草坪管理人：负责管理、维护球场草坪的工作人员。

Grip 握柄或握杆：球杆杆身让球员双手握住的部分，同时也指球员握杆的方式。

Grooves 杆面沟槽：杆面上的线性凹槽。

Grounding the club 球杆着地：预备击球时将杆头置于球后侧。

Halved 打平：指比洞赛中双方难分胜负，当双方在一洞打出相同的杆数时，称该洞“打平”。

Handicap 差点：通过平日打球成绩相对球场难度值计算出的、能体现球员潜在打球能力的指数。

Handicap Certificate 差点证明：由球员所属俱乐部或所属高尔夫球协会颁发的、用来认证球员当前差点指数的文件。

Hazard 障碍区：指球场上任何能给球员打球造成困难的沙坑、水塘等。

Head 杆头：球杆上用来与球接触的部分。

Heel 杆头跟部：球杆杆头最靠近杆身的部分。

Hole in one（同Ace）一杆进洞：指在一洞用一杆击球入洞。

Hook 左曲球：由于特定击球方式，造成球的飞行路径发生偏转，右手执杆球员击出的球自右向左偏转、左手执杆球员击出的球自左向右偏转。

In 指18洞球场的后9洞，与之相对照的“Out”指前9洞。

Interlocking grip 互锁式握杆：握杆时低端手小拇指与高端手食指相互交缠的握杆方式。

Jungle 长草区：对厚密长草区的俗称。

Kick 反弹：指球的不规则弹跳。

Lay up 保守打法：选择打出比正常距离短的击球，代替强攻果岭。

高尔夫球术语

Lie 球的位置状态。

Lip 球洞或洞杯的边缘。

Local rules 当地规则：由俱乐部管理者或会员制定的一套规则。

Loft 杆面倾角。

Long game 长打：指打球中用木杆和长铁杆打出的长距离击球。

Mallet 一种杆头既宽又重的推杆。

Marker （同**Ball Marker**）球标识：在果岭上拿起球时，用于标示球位置的圆形小物件，如硬币。

Match Play 比洞赛：以每洞结果决定胜负的比赛，赢得洞数最多的球队或球员为优胜方。

Medal play 比杆赛：以最少的总杆数打完规定一轮或数轮为优胜者的比赛。

Mulligan 在非正式打球中：第一次击球失误后被同伴允许另打一杆，不受罚。

Municipal course 公众球场：由当地政府建造的、向公众开放的球场，费用通常比私人球会便宜。

Net 净杆：指球员的实际打球杆数减去差点之后的杆数。

Nineteenth hole 第19洞：俱乐部会所酒吧的别名。

Out 指18洞球场的前9洞，有“出发”的意思。与之相对照的“In”指后9洞，有“归来”的含义。

Out of bounds 界外：指球场界线以禁止打球的区域，如果球打到界外，球员必须回原位重打并接受加罚一杆的处罚。

Overlapping grip 重叠式握杆：握杆时低端手小拇指叠在高端手食指与中指间的握杆法。

Pairings 两个球员一组。

Par 标准杆：球员正常完成一轮打球应该打出的杆数。

Parkland course 平原疏林地球场：指设计以平原草地为主，较少有树木和长草。

Peg （同**Tee**）球座。

Penalty stroke 罚杆：球员因违反规则而在原有成绩上添加的额外杆数。

Pick up 在球进洞之前将球拿起。比洞赛中代表该洞认输，比杆赛中将被取消资格。

Pivot 挥杆转体：指高尔夫球挥杆过程中双肩、躯干和两侧髋部的旋转。

Playing through 先行通过：指在球场上越过前面一组球员先打。

Pot bunker 壶状沙坑：指深而小、坑壁陡峭的圆形沙坑。

Preferred Lie 选移球位：允许球员免罚杆改善球位置状态的当地规则。

Provisional ball 暂定球：如果之前击出的球有可能遗失或界外，球员可以再打一个暂定球。

Pull 拉出式击球：击球后球直飞向目标左侧（对右手执杆球员）或右侧（对左手执杆球员）的失误球。

Punch 砸击球：一种低位、可控制的击球，经常在大风中打球时使用。

Push 推出式击球：击球后球直飞向目标右侧（对右手执杆球员）或左侧（对左手执杆球员）的失误球。

Quitting on the ball 放弃击球：指未完成全挥杆击球。

R&A 苏格兰圣安德鲁斯皇家古老高尔夫球俱乐部的简称。

Range 见**Driving Range** 练习场。

Reading the green 判读果岭：指认真察看和判断球洞区推击方向线表面的起伏和草的纹理。

Rough 长草区：分布球道和果岭周边的草较高的区域。

Run 滚动距离：指击出的球落地后滚动的距离。

Sand trap （同 **Bunker**）沙坑。

Scratch 零差点。

Set up 预备击球姿势。

Shaft 杆身：球杆连接杆头和握柄的细长部分。

Short game 短打：指打球中包括切击、劈起击和推击在内的短距离击球。

Skulling杆头底部或杆面下缘击打在球中心以上部位的失误球，导致球飞出过远。

Slice 右曲球：一种造成球的飞行路径发生偏转的失误击球，右手执杆球员击出的球自左向右偏转、左手执杆球员击出的球自右向左偏转。

Snap-hook 严重左曲球。

Spike mark 鞋钉印：高尔夫球鞋底所带的鞋钉在果岭上留下的印迹。

Stableford 定分式计分：一种按照点数代替杆数的计分方式。

Stance 站位：预备挥杆时双脚的位置。

Stroke play（同**Medal play**）比杆赛：以规定一轮或数轮的总杆数决定优胜者的比赛。

Sweet spot 甜点：杆面正中点，是最理想的触球位置。

Takeaway 起杆：上挥杆的开始。

Tap in 短推击入洞。

Teeing ground 发球区：每洞开始击球的指定区域。

Three ball 三球赛：三人互为对抗，各自打自己的球。

Threesome 三人组或三人二球赛：指三人同组打球，或是二人对抗一人，每一方各打一个球的比赛。

Top 剃头球：杆头底部或杆面下缘击打在球中心以上部位的失误球，导致球无法起飞，代之为地滚球或跳跃球。

Touch shot 轻击球。

Trajectory 球的飞行轨迹。

Triple bogey 三博基：在一洞打出高于球洞标准杆三杆的成绩。

Unplayable lie一切一推：无法打的球位置状态。

Up and down 自异常球位或障碍区内将球救出并一杆推进洞。

Vardon grip （见 **Overlapping grip**）重叠式握杆。

Waggle 杆头预摆：指击球前轻摆杆头的动作。

Winter rules 冬季规则：在异常条件下允许球员改善球位置状态的常用当地规则。

Yips 击球恐惧症：当击球特别是短推击时出现的颤抖或神经质等紧张症候。

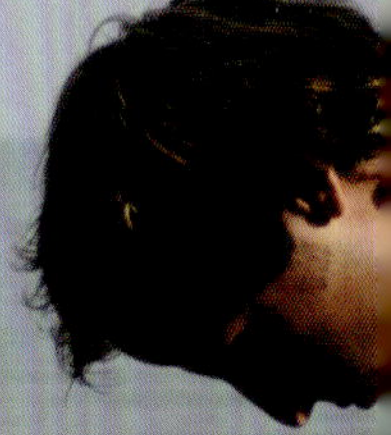

索 引

索引

鸣 谢

作者鸣谢

西班牙Costa de la Luz，Alcaidesa林克斯高尔夫球场；Cadiz，San Roque高尔夫球场，Marbella，Santa Clara高尔夫俱乐部；Calos Mena；美津浓提供服装及装备；感谢froghair（www.froghair.com.uk）及J.Lindberg（www.jlindeberg.com）提供服装。

同时感谢参加摄影的模特们：Carlos Mena Quero，Manuel Arau Jo Duarif，Ivan Mangas Qrtega。

鸣谢图片提供者

133bc Getty图片社，摄影Andrew Redintong；133b Getty图片社，摄影Douglas Keister，140 Getty图片社，摄影Harry How；141b Getty图片社，摄影Andrew Redington；141t Getty图片社，摄影Donald Miralle；142 Getty图片社，摄影Chris McGrath；143 Stone，摄影Bob Thomas；144 Stone，摄影Bob Krist；145全体育概念，摄影JD Cuban；146t 全景影像；146b 影像银行，摄影 Larry Dale Gordon；147 Getty图片社，摄影Andrew Redington；148 Getty图片社，摄影 Stuart Franklin；149t Time & Life Pictures，摄影John M Burgess；149b Getty图片社，摄影 Douglas Keister.

DK出版社鸣谢

编辑助理 David Summers

索引编辑 Margaret McCormack

同时衷心感谢倾力为图片摄影提供场地和产品的公司：

www.alcaidesa.com

www.sanroqueclub.com

www.santaclara-golf.com

版权声明

书名：Golf

作者：Gavin Newsham

Copyright：© 2006 Dorling Kindersley Limited

All rights reserved. No part of this publication may be reproduced，stored in a retrieval system，or transmitted in any form or by any means，electronic，mechanical，photocopying，recording or otherwise，without prior permission of the copyright holder.

图字：01—2009—1269

新华书店
光明南书城
番禺